쉽게 따는
# 5단계 4급 Ⅱ 한자

■저자 │ 장개충

• 저서:

「가나다 활용옥편」, 「新1800 상용한자」,

「正統 漢字敎本」 등 편저 (혜원출판사)

「고사성어 · 숙어 대백과」 편저 (명문당)

「2350 字源漢字」 편저 (느낌이 있는 책)

외 10여 편.

• 현재, 좋은세상 출판기획사 대표


# 쉽게 따는
# 5단계 4급 II 한자

발행일 │ 2010년 9월 25일  1판 1쇄
            2011년 1월 20일  1판 2쇄

지은이 │ 장개충
편집 │ 김수정
디자인 │ 유정화
삽화 │ 김동문
펴낸이 │ 유원상
펴낸곳 │ 상서각 출판사
출판등록 │ 2002. 8. 22(제8-377호)
주소 │ 서울시 은평구 불광동 268-5 201호
전화 │ 02-356-5353
팩스 │ 02-356-8828
이메일 │ sang53535@hanmail.net
홈페이지 │ www.ssbook.kr

ISBN  978-89-7431-433-0  63710


* 잘못된 책은 바꾸어 드립니다.

# 쉽게 따는
# 5단계 4급 Ⅱ 한자

# 이 책을 보는 어린이와 학부모님께

## 한자 공부의 길잡이

먼 옛날부터 우리 조상들은 한자를 우리 문자로 받아들여 오랫동안 역사를 가꾸고 찬란한 문화를 꽃피워 문화 선진국으로 발돋음하게 되었습니다.

우리가 사용하는 일상용어의 70% 이상이 한자로 되어 있기 때문에 한자 학습은 우리 국민 누구에게나 필수적이라 할 수 있습니다.

한자가 언제 누구에 의해서 만들어졌는지는 정확히 밝혀져 있지 않으나 오천여 년 전에 중국 고대의 창힐이라는 사람이 새의 발자국을 보고 한자의 모양을 생각해 내었다는 전설이 있습니다. 그러나 일반적으로 나라의 점을 치던 사람들이나 뒷날 역사를 기록하던 사람들에 의해 만들어지고 변화, 발전되어 왔다고 보고 있습니다.

처음 만들어진 글자들은 그림과 같아서 모난 것이 없고 주로 곡선으로 이루어져 있었습니다. 예를 들면, 日(일)의 처음 모양은 '해'를 본떠 하나의 동그라미(⊖)였고, 月(월)은 반동그라미(☽), 川(천)은 골짜기에서 흐르는 물, 내(⺍)를 본떴습니다.

초기의 문자는 자연물을 그린 것이었으나 문명이 발달하고 생활 영역이 넓어지면서, 자연물의 특징을 간략하게 표현하거나 기호를 사용하고, 또한 한자와 한자를 결합하여 새로운 한자를 만들어 썼습니다.


## 한자능력검정시험은 필수적

한자능력검정시험은 일상생활에서의 필수 한자를 얼마나 많이 알고 이해하는가를 검정하고, 사회적으로 한자 활용 능력을 인정받는 제도입니다.

이 책은 8급에서부터 단계별로 풀어 갈 수 있도록 한자의 쓰임과 한자의 유래, 자원(한자의 구성 원리) 풀이, 부수 및 필순 익히기, 학습에 도움이 되는 용례 풀이와 간체자(중국의 문자 개혁에 따라 자형字形을 간략하게 고친 한자)를 충실히 다루었을 뿐만 아니라, 핵심 정리와 예상 문제 및 실전 문제를 함께 수록하여 한자의 뜻을 폭넓게 이해하고 확실히 깨칠 수 있도록 하였습니다.

모쪼록 여러분의 앞날에 무궁한 발전과 하고자 하는 모든 일이 함께 이루어지길 기원합니다.

# 쉽게 따는 5단계 4급 II 한자의 구성과 활용법

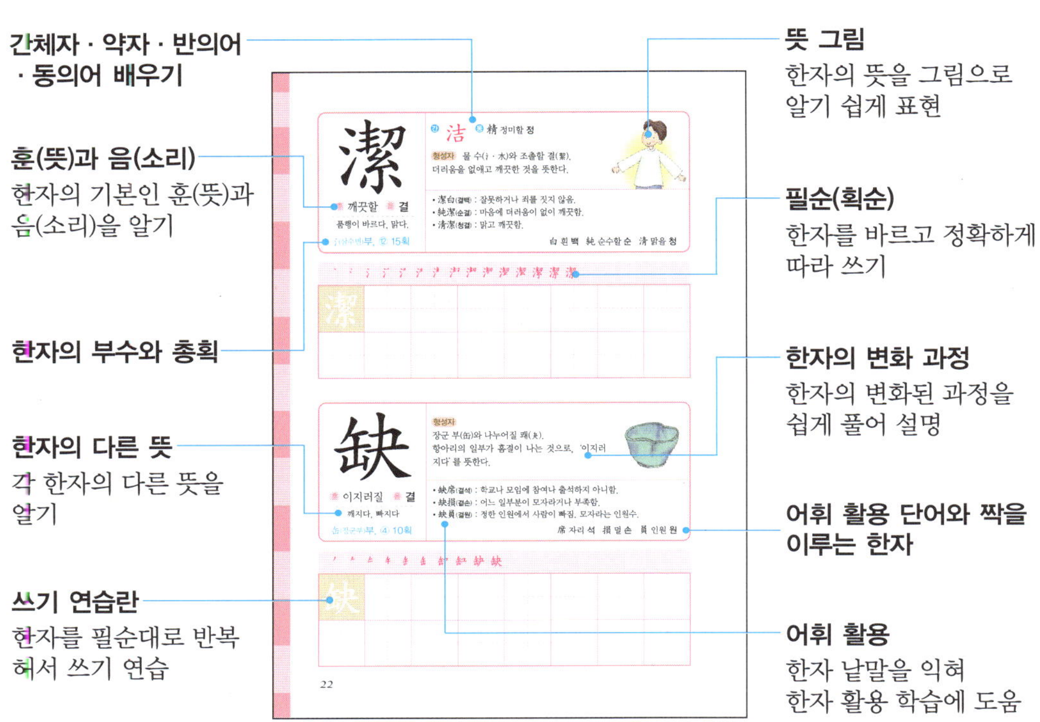



※ (**간** 간체자 **약** 약자 **동** 동의어 **반** 반의어)의 줄임말

**한자능력검정시험 4급 II 예상 문제 및 실전 문제**
한자능력검정시험 4급 II 예상 문제와 실전 문제를
구성하여 실제 시험과 똑같은 답안지에 답을 쓰면서
실전 감각을 익힐 수 있습니다.

# 차례

## 쉽게 따는 5단계 4급 Ⅱ 한자

'한자'는 뜻을 단위로 하여 만들어진 '뜻글자'이므로 각 글자마다 모양(형 : 形)과 소리(음 : 音)와 뜻(훈·새김 : 訓, 의 : 義)으로 이루어졌습니다.
이를 한자의 '3요소'라고 합니다.

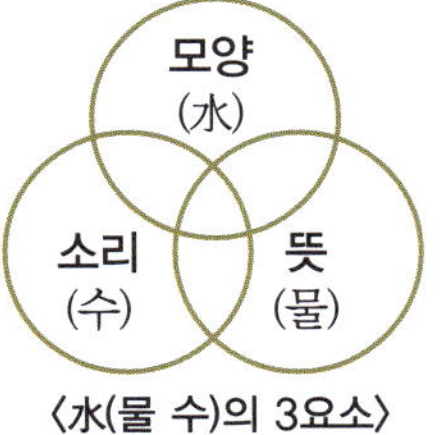


| 漢字 | 모양(형상) | 天 | 日 | 月 | 山 | 水 | 川 |
|---|---|---|---|---|---|---|---|
| | 소리(음) | 천 | 일 | 월 | 산 | 수 | 천 |
| | 뜻(새김) | 하늘 | 해·날 | 달 | 메 | 물 | 내 |

이 원리(한자의 짜임)를, 육서(六書)라고 하는데 다음과 같이 분류합니다.

## (1) 상형문자(象形文字)

자연이나 구체적인 물체의 형상을 본떠서 만든 글자.

① 해의 모양을 본뜬 글자로, '해' 또는 '날'의 뜻으로 사용됨.

② 산의 모양을 본뜬 글자로 '산'의 뜻으로 사용됨.

## (2) 지사문자(指事文字)

'숫자', '위', '아래', '처음', '끝' 등과 같이 구체적인 모양으로 나타낼 수 없는 한자를 점(·)이나 선(—) 같은 기호를 사용하여 만든 글자.

① 기준이 되는 선 위에 점으로 표시하여 '위쪽'의 뜻을 나타낸 글자.

(2) 나무의 가지 끝 부분에 점을 찍어 '끝'이란 뜻을 나타낸 글자.

## (3) 회의문자(會意文字)

이미 만들어진 글자의 뜻과 뜻이 합쳐져서 새로운 뜻을 나타낸 글자.

木(나무 **목**) + 木(나무 **목**) ➡ 林(수풀 **림**)

日(해 **일**) + 月(달 **월**) ➡ 明(밝을 **명**)

## (4) 형성문자(形聲文字)

'뜻'을 나타내는 글자와 '음(音 : 소리)'을 나타내는 글자로 결합하여 새로운 '뜻'과 '소리'를 지닌 글자.

水(물 **수**) + 靑(푸를 **청**) ➡ 淸(맑을 **청**)

口(입 **구**) + 未(아닐 **미**) ➡ 味(맛 **미**)

## (5) 전주문자(轉注文字)

이미 있는 글자 본래의 의미가 확대되어 전혀 다른 음과 뜻으로 나타낸 글자.

樂 : 노래 **악**(音樂 : 음악), 즐길 **락**(娛樂 : 오락), 좋아할 **요**(樂山樂水 : 요산요수)

惡 : 악할 **악**(惡人 : 악인), 미워할 **오**(憎惡 : 증오)

## (6) 가차문자(假借文字)

글자의 뜻에 상관없이 한자의 발음만을 빌려서 다른 뜻으로 나타낸 글자.

堂堂(**당당**) : 의젓하고 거리낌이 없음

丁丁(**정정**) : 나무 찍는 소리

亞細亞(**아세아**) : Asia

巴利(**파리**) : Paris

# '부수(部首)'란 무엇인가?

한자는 자전(字典 : 옥편)에서 찾아야 합니다. 자전은 한자를 쉽고 빠르게 찾을 수 있도록 공통점이 있는 한자끼리 묶어 놓았는데, 이 공통적으로 들어가는 기본 글자를 '부수(部首)'라고 합니다.

한자는 대체로 부수와 몸이 합쳐져 만들어졌기 때문에, 부수를 알면 자전을 찾을 때 편리할 뿐만 아니라, 한자의 뜻을 쉽게 파악할 수 있습니다.

부수로 쓰이는 기본 글자는 모두 214자입니다.

## 부수의 위치와 이름

부수 글자는 자리하는 위치에 따라 그 이름이 각각 다릅니다.

**글자의 위쪽에 있는 부수 : 머리**

- 宀 : 갓머리(집 면) ➡ 家(집 가), 安(편안 안)
- ⺿(艸) : 초두머리(풀 초) ➡ 花(꽃 화), 草(풀 초)
- 竹(竹) : 대 죽 ➡ 答(대답 답), 算(셈 산)

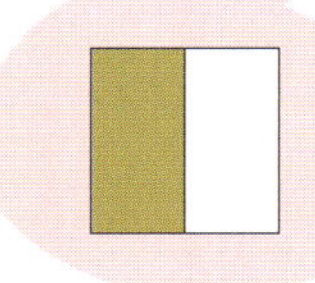

**글자의 왼쪽에 있는 부수 : 변**

- 亻(人) : 사람인변 ➡ 仁(어질 인), 代(대신 대)
- 禾 : 벼 화 ➡ 科(과목 과), 秋(가을 추)
- 氵(水) : 삼수변 ➡ 江(강 강), 海(바다 해)

글자의 아래쪽에 있는 부수 : **발·다리**

- 儿 : 어진사람인 ➡ 兄(형 형), 光(빛 광)
- 灬(火) : 연화발(불 화) ➡ 烈(매울 렬), 然(그럴 연)
- 心 : 마음 심 ➡ 意(뜻 의), 感(느낄 감)

글자의 오른쪽에 있는 부수 : **방**

- 刂(刀) : 칼도방 ➡ 刊(새길 간), 刑(형벌 형)
- 阝(邑) : 우부방 ➡ 郡(고을 군), 邦(나라 방)
- 卩 : 병부절방 ➡ 印(도장 인), 卯(토끼 묘)

글자의 위와 왼쪽을 덮고 있는 부수 : **엄**

- 广 : 엄호(집 엄) ➡ 序(차례 서), 度(법도 도, 헤아릴 탁)
- 尸 : 주검 시 ➡ 居(살 거), 局(판 국), 屋(집 옥)

글자의 왼쪽과 아래를 덮고 있는 부수 : **받침**

- 廴 : 민책받침(길게 걸을 인) ➡ 廷(조정 정), 建(세울 건)
- 辶(辵) : 책받침(쉬엄쉬엄 갈 착) ➡ 近(가까울 근)

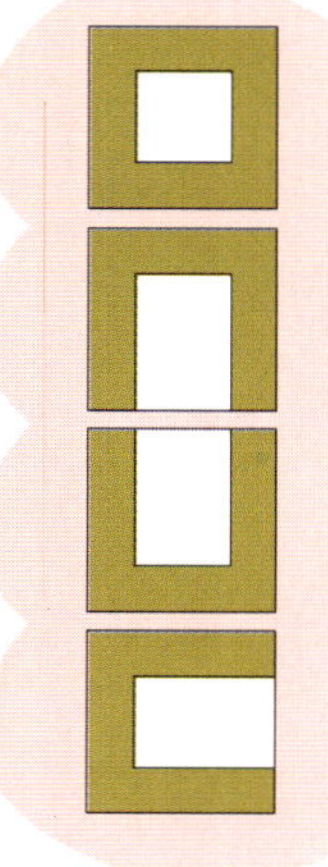

글자의 전체나 일부분을 에워싸고 있는 부수 : **몸**

- 口 : 큰입 구(에운 담) ➜ 四(넉 사), 國(나라 국)

- 門 : 문 문 ➜ 開(열 개), 間(사이 간)

- 凵 : 위튼입구(입벌릴 감) ➜ 出(날 출), 匈(흉할 흉)

- 匚 : 터진입구몸(상자 방) ➜ 匠(장인 장), 匚(널 구)

글자 자체가 부수인 글자 : **제부수**

- 木 (나무 목)    車 (수레 거·차)    馬 (말 마)
- 心 (마음 심)    金 (쇠 금, 성 김)

## 자전에서 한자 찾기

**부수로 찾기** – 찾고자 하는 한자의 부수를 알아내고, 부수 색인란을 통하여 쪽수를 확인한 뒤, 총 획수에서 부수를 뺀 나머지 획수를 세어 그 글자를 찾습니다.

**한자의 음을 이용해서 찾기** – 찾고자 하는 한자의 음을 알고 있는 경우에는 자음 색인에서 해당 한자를 찾아 그 아래에 적힌 쪽수를 펼쳐서 찾습니다.

**한자의 총 획수를 이용해서 찾기** – 찾고자 하는 글자의 부수나, 음을 모를 경우에는 그 글자의 총획을 세어 총획 색인에서 해당 한자를 찾습니다.

## 필순(筆順)이란?

글씨를 쓸 때 붓을 놀리는 차례. 곧, 점과 획이 차례로 거듭되어 하나의 글자를 다 쓸 때까지의 차례를 말합니다.

1. 왼쪽에서 오른쪽으로 씁니다.

川(내 천) ➡ 丿　川　川

江(강 강) ➡ 丶　丶　氵　氵　汀　江

2. 위에서 아래로 씁니다.

三(석 삼) ➡ 一　二　三

工(장인 공) ➡ 一　丅　工

3. 가로획과 세로획이 겹칠 때에는 가로획을 먼저 씁니다.

木(나무 목) ➡ 一　十　才　木

十(열 십) ➡ 一　十

4. 좌우 대칭인 글자는 가운데를 먼저 씁니다.

水(물 수) ➡ 丿　氺　水　水

小(작을 소) ➡ 亅　小　小

5. 삐침( ﾉ )과 파임( ﹨ )이 만날 때는 삐침을 먼저 씁니다.

人(사람 인) → ﾉ 人

文(글월 문) → ﹨ 亠 亣 文


6. 글자를 꿰뚫는 획은 나중에 씁니다.

中(가운데 중) → 丨 冂 口 中

事(일 사) → 一 ｒ 戸 戸 写 寻 事 事


7. 둘러싼 모양으로 된 자는 바깥 부분을 먼저 씁니다.

四(넉 사) → 丨 冂 匹 四 四

同(한가지 동) → 丨 冂 冂 冋 同 同


8. 좌우를 먼저 쓰고 가운데를 나중에 씁니다.

火(불 화) → 丶 丷 少 火

性(성품 성) → 丶 丶 ﾞ 忄 忄 忱 忰 性 性


9. 글자를 가로지르는 획은 나중에 긋습니다.

女(계집 녀) → 𡚝 乆 女

丹(붉을 단) → ﾉ 刀 月 丹 丹

10. 오른쪽 위에 점이 있는 글자는 그 점을 나중에 찍습니다.

犬(개 견) ➡ 一 ナ 大 犬

伐(칠 벌) ➡ ノ イ 仁 代 伐 伐


11. 삐침이 길고 가로획이 짧으면 가로획을 먼저 씁니다.

左(왼 좌) ➡ 一 ナ 左 左 左

友(벗 우) ➡ 一 ナ 方 友


12. 삐침이 짧고 가로획이 길면 삐침을 먼저 씁니다.

右(오를/오른 우) ➡ ノ ナ オ 右 右

有(있을 유) ➡ ノ ナ オ 右 有 有


13. 책받침(辶, 廴)은 나중에 씁니다.

遠(멀 원) ➡ 一 十 土 圡 吉 告 亨 東 袁 袁 遠 遠 遠

建(세울 건) ➡ 기 コ ヨ 글 글 聿 聿 律 建


※ 특수한 자영의 필순 보기

凸(볼록할 철) ➡ 丨 凵 凸 凸 凸 (5획)

凹(오목할 요) ➡ 丨 冂 囗 凹 凹 (5획)

# 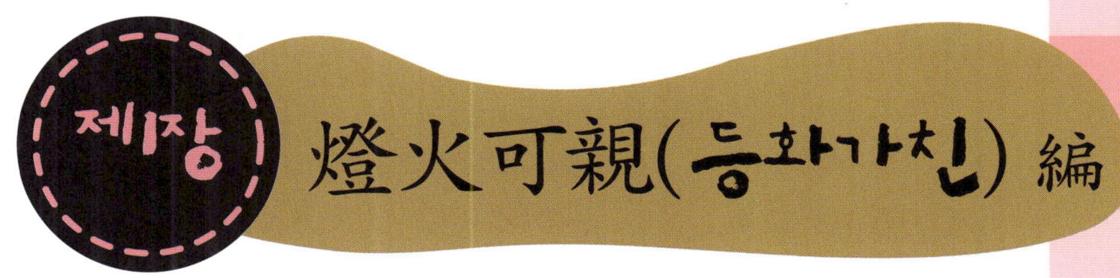제1장 燈火可親(등화가친) 編

假 街 減 監 康 講 個 檢 潔 缺

境 慶 經 警 係 故 官 句 求 究

宮 權 極 禁 器 起 暖 難 努 怒

單 斷 壇 端 達 擔 黨 帶 隊 導

毒 督 銅 斗 豆 得 燈 羅 兩 麗

# 假

**훈** 거짓 **음** 가:

가짜, 임시적, 빌리다

イ(사람인변)**부**, ⑨ 11획

**약** 仮  **반** 眞 참 진

**형성자** 사람 인(イ·人)과 허물 가(叚).
허물이 있고 올바르지 못한 사람은 일을 '거짓'
되게 한다는 뜻.

- 假令(가령) : 가정하여 말한다면. 예를 들면. 이를테면.
- 假想(가상) : 실제의 일이 아닌 것을 실제인 것처럼 생각해 봄.
- 假定(가정) : 실제로 그렇지 않은 일을 그렇다고 생각해 봄.

令 하여금 **령**   想 생각 **상**   定 정할 **정**

ノ イ イ イワ イワ イヮ 作 作 作′ 假 假

# 街

**훈** 거리 **음** 가(:)

시가, 한길, 네거리

行(다닐 행)**부**, ⑥ 12획

**형성자**
다닐 행(行)과 이어질 규(圭).
두 길이 이어지는 네거리, '거리'를 뜻한다.

- 街談巷說(가담항설) : 시중에 떠도는 하찮은 소문.
- 街路(가로) : 도시의 넓은 길.
- 市街(시가) : 도시의 큰 길거리.

談 말씀 **담**   巷 거리 **항**   說 말씀 **설**, 달랠 **세**   路 길 **로**   市 저자 **시**

ノ ク 彳 彳 彳 行 彳 律 律 律 街 街

減


훈 **덜** 음 **감:**

줄다, 줄이다

氵(삼수변)**부**, ⑨ 12획

간약 減　반 增 더할 **증**　加 더할 **가**

형성자 물 수(氵·水)와 다 함(咸).
물이 다하여 줄어든 것을 뜻한다.

- 減價(감가) : 값을 내림. 명성이 떨어짐.
- 減算(감산) : 뺄셈. 빼기. 반 加算(가산)
- 減員(감원) : 인원을 줄임. 반 增員(증원)

價 값 **가**　算 셈 **산**　加 더할 **가**　員 인원 **원**　增 더할 **증**

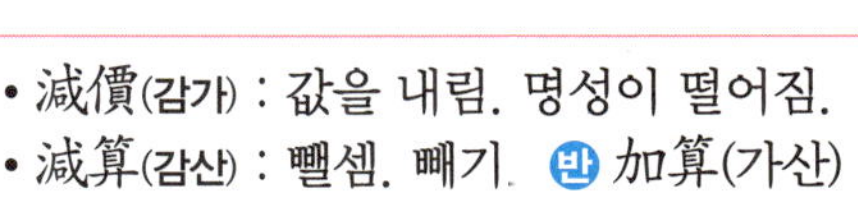

| 減 | | | | | | | |
|---|---|---|---|---|---|---|---|
| | | | | | | | |
| | | | | | | | |

---

監


훈 **볼** 음 **감**

살피다, 경계하다

皿(그릇 명)**부**, ⑨ 14획

간약 監　동 見 볼 **견** 視 볼 **시** 看 볼 **간**

회의자 신하 신(臣 : 눈)과 사람 인(人),
그릇 명(皿). 자신의 얼굴을 들여다보는
것으로, '보다' 를 뜻한다.

- 監督(감독) : 감시하여 단속함. 또는 그런 일을 하는 사람.
- 監査(감사) : 감독하고 검사함.
- 監視(감시) : 잘못되는 일이 없도록 늘 살핌.

督 감독할 **독**　査 조사할 **사**　視 볼 **시**

| 監 | | | | | | | |
|---|---|---|---|---|---|---|---|
| | | | | | | | |
| | | | | | | | |

# 康

**훈** 편안할　**음** 강

즐겁다, 화목하다

广(엄호)부, ⑧ 11획

**동** 健 굳셀 **건**　安 편안 **안**　便 편할 **편**

**형성자**　고칠 경(庚 : 절굿공이)과 쌀 미(米).
결실이 많아 몸과 마음이 편안함을 뜻한다.

- 康寧(강녕) : 몸이 건강하고 마음이 편안함.
- 康福(강복) : 몸이 건강하고 행복함.
- 健康(건강) : 몸이 튼튼하고 병이 없음.

寧 편안 **녕**　福 복복 **복**　健 굳셀 **건**

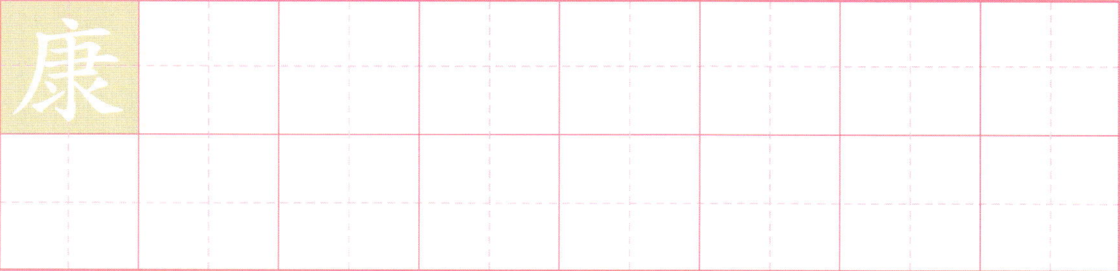



康

# 講

**간** 讲

**형성자**　말씀 언(言)과 어긋 매겨 맞출 구(冓).
말로 서로 마음이 통하여, '익히다' 를 뜻한다.

**훈** 욀　**음** 강:

익히다, 풀이하다, 꾀하다

言(말씀 언)부, ⑩ 17획

- 講究(강구) : 문제 해결에 좋은 방법을 찾으려고 노력함.
- 講論(강론) : 학문이나 종교에 관한 주제를 설명, 토론함.
- 講義(강의) : 지식이나 기술 따위를 체계적으로 가르침.

究 연구할 **구**　論 논할 **론**　義 옳을 **의**

講

# 個

간 약 个

**형성자** 사람 인(亻·人)과 낱 개 (固·箇). 원래는 대나무를 세는 뜻이었으나 사람과 물건을 세는 단위로 바뀌었다.

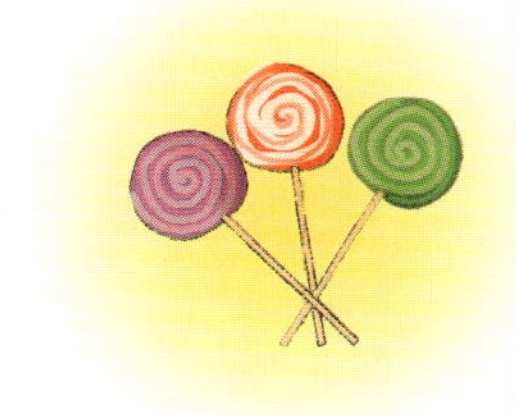

훈 낱 음 개(:)

하나하나, 한쪽, 단위

亻(사람인변)부, ⑧ 10획

- 個別(개별) : 하나하나. 낱낱이 서로 다름.
- 個性(개성) : 사람마다 가지고 있는 남다른 특성.
- 別個(별개) : 서로 구별이 되어 다른 것.

別 다를/나눌 **별**　性 성품 **성**

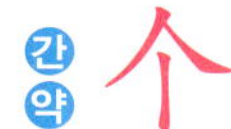

丿 亻 亻 仃 们 們 們 個 個 個

個

# 檢

간 检　약 検　동 査 조사할 **사**

**형성자** 나무 목(木)과 여러 사람 첨(僉). 여러 사람의 증언이 맞을 때까지 조사하는 것을 뜻한다.

훈 검사할 음 검:

조사하다, 헤아리다

木(나무 목)부, ⑬ 17획

- 檢問(검문) : 의심 가는 사람을 조사하여 물어 봄.
- 檢査(검사) : 옳고 그름, 좋고 나쁨 따위를 조사하여 알아냄.
- 檢定(검정) : 어떤 일에 자격이나 조건에 맞나 검사하여 결정함.

問 물을 **문**　査 조사할 **사**　定 정할 **정**

一 十 才 木 木 朩 朩 枀 枀 枱 枱 檢 檢 檢 檢 檢 檢

檢

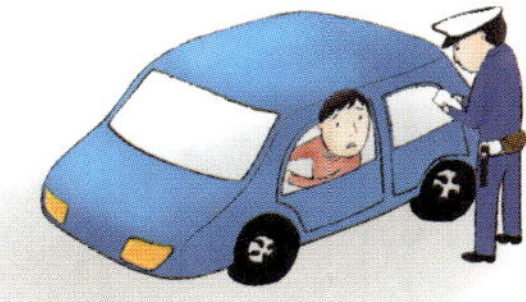

## 潔

**훈** 깨끗할　**음** 결

(품행이) 바르다, 맑다

氵(삼수변)부, ⑫ 15획

**간** 洁　**동** 精 정할/깨끗할 **정**　淸 맑을 **청**

**형성자** 물 수(氵·水)와 조촐할 결(絜).
더러움을 없애고 깨끗한 것을 뜻한다.

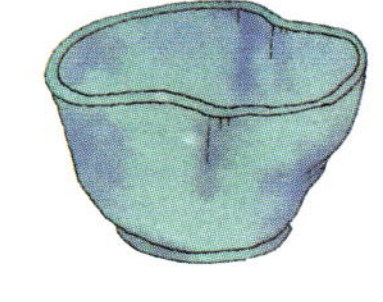

- 潔白(결백) : 잘못하거나 죄를 짓지 않음.
- 純潔(순결) : 마음에 더러움이 없이 깨끗함.
- 淸潔(청결) : 맑고 깨끗함.

白 흰 **백**　純 순수할 **순**　淸 맑을 **청**

丶 丶 冫 氵 氵 浐 浐 沣 潏 潔 潔 潔 潔 潔 潔

## 缺

**훈** 이지러질　**음** 결

없다, 깨지다, 빠지다

缶(장군 부)부, ④ 10획

**약** 欠

**형성자** 장군 부(缶)와 나누어질 쾌(夬).
항아리의 일부가 흠결이 나는 것으로,
'이지러지다' 를 뜻한다.

- 缺席(결석) : 학교나 모임에 참여하거나 출석하지 아니함.
- 缺損(결손) : 어느 일부분이 모자라거나 부족함.
- 缺員(결원) : 정한 인원에서 사람이 빠짐. 모자라는 인원수.

席 자리 **석**　損 덜 **손**　員 인원 **원**

丿 𠂉 𠂉 午 缶 缶 缺 缺 缺 缺

## 境

**훈** 지경　**음** 경

경계, 경우, 곳, 형편

土(흙 토)부, ⑪ 14획

**동** 界 지경 **계**　域 지경 **역**

**형성자**　흙 토(土)와 끝 경(竟).
국토 또는 영역의 가장자리로 '지경, 경계'를
뜻한다.

- 境界(경계) : 서로 다른 두 지역이 만나는 지점.
- 境遇(경우) : 어떠한 조건이 있는 특별한 형편이나 상황.
- 國境(국경) : 나라와 나라 사이의 경계.

界 지경 **계**　遇 만날 **우**　國 나라 **국**

一 十 土 圵 圵 圵 圵 垍 垃 培 培 墇 堷 境

| 境 | | | | | |
|---|---|---|---|---|---|
| | | | | | |

## 慶

**훈** 경사　**음** 경:

상, 선행, 복, 하례하다

心(마음 심)부, ⑪ 15획

**간** 庆

**회의자**　사슴 록(广·鹿)과 마음 심(心),
천천히 걸을 쇠(夊). 남의 기쁨을 축하하러
가는 것을 뜻한다.

- 慶事(경사) : 매우 즐겁고 기쁜 일.
- 慶祝(경축) : 기쁘고 좋은 일을 축하함.
- 慶賀(경하) : 경사스러운 일을 치하함.

事 일 **사**　祝 빌 **축**　賀 하례할 **하**

丶 亠 广 户 庐 庐 庐 庐 庐 慶 慶 慶 慶 慶 慶

| 慶 | | | | | |
|---|---|---|---|---|---|
| | | | | | |

經

훈 지날/글  음 경

경서, 날실, 세로

糸(실 사)부, ⑦ 13획

형성자  실 사(糸)와 날실, 물줄기 경(巠).
실이 물 흐르는 것처럼 이어져 나가는 것으로,
'지나다, 날실' 을 뜻한다.

• 經過(경과) : 시간이 흐름. 어떤 일이 되어 가는 과정.
• 經營(경영) : 사업체나 단체를 운영함.
• 經驗(경험) : 실지로 보고 듣고 겪음. 몸소 치러 봄.

過 지날 과    營 경영할 영    驗 시험 험

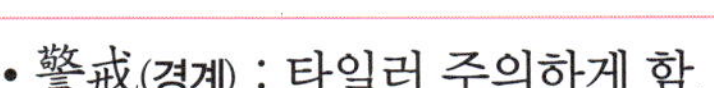

警

훈 깨우칠  음 경:

경계하다, 타이르다

言(말씀 언)부, ⑬ 20획

형성자

삼갈 경(敬)과 말씀 언(言).
말과 행동을 주의하여 삼가하도록 타이르는
것으로, '깨우치다, 경계하다' 를 뜻한다.

• 警戒(경계) : 타일러 주의하게 함.
• 警告(경고) : 어떤 일을 주의시킴. 경계하도록 알림.
• 警備(경비) : 만일을 대비하여 미리 경계하거나 방비함.

戒 경계할 계    告 고할 고    備 갖출 비

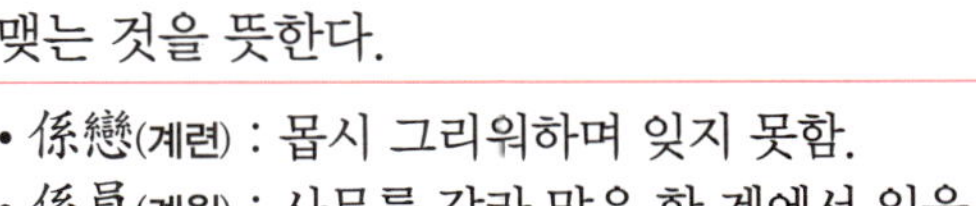
系

형성자 사람 인(亻·人)과 이을 계(系).
사람이 어떠한 일을 이루거나 물건을 이어서
맺는 것을 뜻한다.

- 係戀(계련) : 몹시 그리워하며 잊지 못함.
- 係員(계원) : 사무를 갈라 맡은 한 계에서 일을 하는 사람.
- 關係(관계) : 서로 일정한 영향을 주고받도록 되어 있음.

戀 그리워할/그릴 **련**　員 인원 **원**　關 관계할 **관**

훈 맬　음 계:

묶다, 결박하다, 끌다

亻(사람인변)부, ⑦ 9획

丿 亻 亻 亻 係 係 係 係 係

| 係 | | | | | | | |
|---|---|---|---|---|---|---|---|
| | | | | | | | |

동 古 예고　舊 예구

형성자 예 고(古)와 칠 복(攵·攴).
옛일을 들추어 까닭을 알아보는 것으로,
'연고, 옛날'을 뜻한다.

- 故國(고국) : 남의 나라에 가 있는 사람이 말하는 자기 나라.
- 故人(고인) : 죽은 사람을 정중하게 이르는 말.
- 故鄕(고향) : 자기가 태어나서 자란 곳.

國 나라 **국**　人 사람 **인**　鄕 시골 **향**

훈 연고　음 고(:)

까닭, 예로부터, 일

攵(등글월문)부, ⑤ 9획

一 十 十 古 古 古 故 故 故

| 故 | | | | | | | |
|---|---|---|---|---|---|---|---|
| | | | | | | | |

# 官

훈 벼슬 음 관

벼슬아치, 관청, 마을

宀(갓머리)부, ⑤ 8획

회의자
움집 면(宀)과 많을 부(𠂤 · 阜 : 군대).
많은 사람들이 모여 있는 집으로, '벼슬, 관청'
을 뜻한다.

- 官公署(관공서) : 국가적인 사무를 취급하는 공공 기관.
- 官吏(관리) : 관직에 있는 사람. 벼슬아치. 공무원.
- 官職(관직) : 국가로부터 위임받은 일정한 범위의 직무. 또는 그 직위.

公 공평할 **공** 署 마을/관청 **서** 吏 벼슬아치/관리 **리** 職 직분 **직**

丶 丷 宀 宀 宀 宀 官 官

官

# 句

훈 글귀 음 구

구절, 굽다

口(입 구)부, ② 5획

약 勾

형성자 쌀 포(勹 · 勾 : 굽을 구)와 입 구(口).
구역 구(區)와 통하여 말을 구획짓는
'글귀'를 뜻한다.

- 句讀(구두) : 글 뜻을 위해 쉼표 · 마침표를 찍는 일.
- 句節(구절) : 구와 절. 곧 한 토막의 말이나 글.
- 文句(문구) : 글의 구절. 특별한 뜻을 나타내는 몇 낱말로 된 말.

讀 읽을 **독**, 구절 **두** 節 마디 **절** 文 글월 **문**

丿 勹 勺 句 句

句

求



가죽으로 만든 덧옷을 본뜬 글자.
누구나 입고 싶어한다는 뜻으로, '구하다,
찾다' 를 뜻한다.

**훈** 구할  **음** 구

찾다, 묻다

水(물 수)부, ② 7획

- 求乞(구걸) : 남에게 돈 · 곡식 등을 달라고 청함. 또는 그 일.
- 求道(구도) : 길을 찾음. 바른 도리를 물어 구함.
- 求職(구직) : 직업을 구함. 일자리를 얻으려고 애씀.

乞 빌 **걸**   道 길 **도**   職 직분 **직**

求

---

究



구멍 혈(穴)과 아홉 구(九 : 다하다).
구불구불한 굴 속의 깊은 곳까지 들어가
보는 것으로, '연구하다' 를 뜻한다.

**훈** 연구할  **음** 구

궁구하다, 다하다

穴(구멍 혈)부, ② 7획

- 究明(구명) : 이치나 원인, 근거 따위를 깊이 연구하여 밝힘.
- 究察(구찰) : 충분히 살펴서 분명히 함.
- 硏究(연구) : 어떤 일에 대하여 깊이 생각하고 사리를 따져 보는 일.

明 밝을 **명**   察 살필 **찰**   硏 갈 **연**

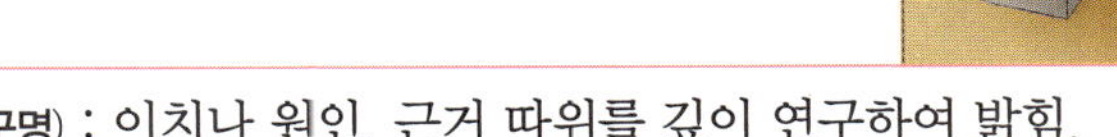


究

# 宮

**훈** 집 **음** 궁

궁궐, 후궁, 종묘

宀(갓머리)**부**, ⑦ 10획

**동** 舍 집 사　家 집 가　宅 집 택

**상형자** 움집 면(宀)과 법칙 려(呂).
건물 안의 방들이 이어져 있는 것으로,
'집, 궁궐'을 뜻한다.

- 宮闕(궁궐) : 임금이 거처하는 집. 대궐. 궁전.
- 宮女(궁녀) : 궁궐 안에서 왕이나 왕비 등의 시중을 드는 여자.
- 宮庭(궁정) : 대궐 안의 마당.

闕 대궐 **궐**　女 계집 **녀**　庭 뜰 **정**

`丶丶宀宀宀宫宫宫宫宫`

# 權

**훈** 권세 **음** 권

권력, 저울질하다, 방편

木(나무 목)**부**, ⑱ 22획

**간약** 权

**형성자** 나무 목(木)과 황새 관(雚 : 당김, 달다).
저울에 다는 추를 뜻하였으나 파생하여 쓰인다.

- 權力(권력) : 강제로 남을 눌러 복종시키는 힘.
- 權利(권리) : 자기의 이익을 주장하고 누릴 수 있는 법적인 능력.
- 權勢(권세) : 권력과 세력.

力 힘 **력**　利 이할 **리**　勢 형세 **세**

`一十才才杧杧杧杧栌栌栌栌栌椛榷榷權權權`

極

**훈** 다할/극진할 **음** 극

지극하다, 최고

木(나무 목)부, ⑨ 13획

**간**  极　**동** 端 끝 단　盡 다할 진

**형성자**　나무 목(木)과 빠를 극(亟).
집의 가장 높은 곳에 있는 용마루에서,
'다하다, 극진하다' 를 뜻한다.

- 極端(극단) : 마음이나 행동이 한쪽으로 완전히 치우침. 맨 끝.
- 極度(극도) : 더할 수 없이 극심한 정도.
- 極盛(극성) : 어떤 일에 대한 관심이나 의욕이 매우 강함.

端 끝 **단**　度 법도 **도**, 헤아릴 **탁**　盛 성할 **성**

一 十 才 木 朾 朽 朽 柯 柯 柯 極 極 極

| 極 | | | | | | | |
|---|---|---|---|---|---|---|---|
| | | | | | | | |

禁

**훈** 금할 **음** 금:

꺼림, 규칙, 계율

示(보일 시)부, ⑧ 13획

**형성자**

수풀 림(林)과 보일 시(示).
신을 모신 수풀, 성역(聖域)을 나타내어
'금하다' 를 뜻한다.

- 禁忌(금기) : 해서는 안 될 일이나 꺼리어 싫어하는 일.
- 禁斷(금단) : 어떤 행위를 금하여 못하게 함.
- 禁止(금지) : 말리어 못하게 함.

忌 꺼릴 **기**　斷 끊을 **단**　止 그칠 **지**

一 十 才 木 朮 材 材 林 林 禁 禁 禁 禁

| 禁 | | | | | | | |
|---|---|---|---|---|---|---|---|
| | | | | | | | |

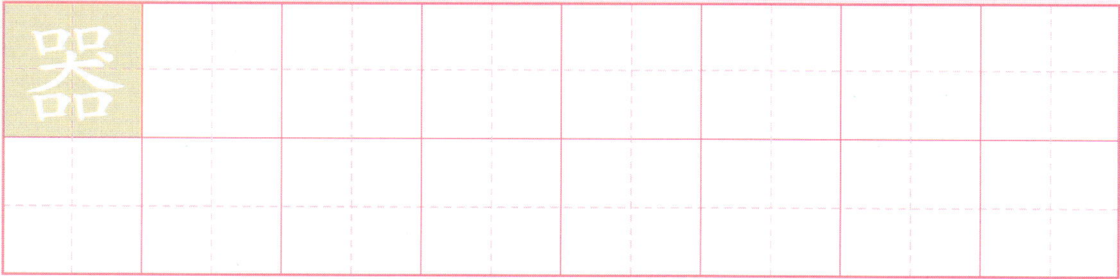

# 器

**훈** 그릇  **음** 기

도구, 재능, 도량

口(입 구)**부**, ⑬ 16획

**약** 器  **동** 皿 그릇 **명**

**회의자** 뭇 입 습(品 : 제기를 벌여 놓은 모양)과 개 견(犬 : 희생). 제사에 쓰이는 '그릇' 을 뜻한다.

- 器官(기관) : 생물체를 형성하는 한 부분.
- 器具(기구) : 간단하게 다룰 수 있는 기계나 도구.
- 器物(기물) : 그릇이나 기구같이 일상 생활에서 쓰는 물건.

官 벼슬 **관**   具 갖출 **구**   物 물건 **물**

丶 冂 口 叩 叩 叩 叩 哭 哭 哭 哭 器 器 器 器 器

---

# 起

**훈** 일어날  **음** 기

일어서다, 일으키다

走(달릴 주)**부**, ③ 10획

**동** 興 일 **흥**  **반** 伏 엎드릴 **복**  寢 잘 **침**

**형성자** 달릴 주(走)와 몸 기(己). 사람이 조심하여 무릎을 꿇었다 일어나는 것을 뜻한다.

- 起居(기거) : 어떤 곳에서 임시로 생활함.
- 起床(기상) : 잠자리에서 일어남.
- 起源(기원) : 사물의 생긴 근원. 처음으로 생기게 된 기초.

居 살 **거**   床 상 **상**   源 근원 **원**

一 十 土 キ キ 非 走 起 起 起

## 暖

**훈** 따뜻할 **음** 난:

온순하다, 부드럽다

日(날 일)부, ⑨ 13획

**반** 冷 찰 랭　寒 찰 한　**동** 溫 따뜻할 온
煖 더울 난

형성자

날 일(日)과 느즈러질 원(爰).
햇볕이 내리쬐어 따뜻한 것을 뜻한다.

- 暖流(난류) : 온도가 높은 해류.
- 暖房(난방) : 방을 따뜻하게 함. 또는 따뜻한 방.　**반** 냉방(冷房)
- 暖地(난지) : 따뜻한 곳. 따뜻한 지방.

流 흐를 **류**　房 방 **방**　冷 찰 **랭**　地 따(땅) **지**

丨 冂 冂 日 日 旷 旷 旷 旷 旷 暖 暖 暖

---

## 難

**훈** 어려울 **음** 난(:)

재앙, 난리, 근심하다

隹(새 추)부, ⑪ 19획

**간** 难　**반** 易 쉬울 이

형성자　어려울 근 (堇 · 菫 : 진흙)과 새 추(隹).
새가 진흙에서 빠져 헤어 나오기 어려운 것을
뜻한다.

- 難攻不落(난공불락) : 공격하기가 어려워서 쉽사리 함락되지 않음.
- 難關(난관) : 통과하기 어려운 관문. 어려운 상황.
- 難民(난민) : 생활이 곤궁한 백성. 천재지변 등으로 곤경에 빠진 백성.

攻 칠 **공**　不 아닐 **불·부**　落 떨어질 **락**　關 관계할 **관**　民 백성 **민**

一 十 廿 廿 廿 苗 苗 苗 苗 茣 茣 蓳 嘆 嘆 嘆 難 難 難

# 努

**훈** 힘쓸　**음** 노

부지런히 일하다, 힘들이다

力(힘 력)**부**, ⑤ **7획**

- 努力(**노력**) : 힘을 들이고 애를 씀. 힘을 다함.
- 努目(**노목**) : 성을 내어 눈을 부라림.
- 努肉(**노육**) : 굳은살. 두드러지게 내민 군더더기 살.

力 힘 **력**　目 눈 **목**　肉 고기 **육**

ㄑ ㄅ 女 如 奴 夕 努

努

---

# 怒

형성자

종 노(奴)와 마음 심(心).
감정에 힘을 넣는 것으로 '성내다' 를 뜻한다.

**훈** 성낼　**음** 노:

성, 화, 힘쓰다

心(마음 심)**부**, ⑤ **9획**

- 怒氣(**노기**) : 화가 난 기색. 노여운 기색.
- 怒發大發(**노발대발**) : 몹시 성냄. 성을 몹시 매섭게 냄.
- 怒號(**노호**) : 성내어 부르짖음.

氣 기운 **기**　發 필 **발**　大 큰 **대**　號 이름 **호**

ㄑ ㄅ 女 如 奴 奴 怒 怒 怒

怒

# 單

**훈** 홑 **음** 단

하나, 오직, 다만

口(입 구)부, ⑨ 12획

**간** 単 **약** 単 **반** 複 겹칠 복

**상형자** 끝이 두 갈래토 갈라진 무기.
또는 부채 모양을 본뜬 글자. 가차하여 쓰인다.

- 單價(단가) : 일정한 단위의 값. 낱개의 값.
- 單刀直入(단도직입) : 요점을 바로 풀이하여 들어감.
- 單純(단순) : 잡것이 섞이어 있지 아니함.

價 값 **가**　刀 칼 **도**　直 곧을 **직**　入 들 **입**　純 순수할 **순**

丶 冂 口 吅 吅 吅 哭 單 單 單 單 單

| 單 | | | | | |
|---|---|---|---|---|---|
| | | | | | |

# 斷

**훈** 끊을 **음** 단:

끊어지다, 쪼개다

斤(날 근)부, ⑭ 18획

**간약** 断 **반** 續 이을 속 **동** 絶 끊을 절

**회의자** 이을 계(㡭)와 도끼 근(斤).
이어진 것을 도끼로 '끊다' 를 뜻한다.

- 斷念(단념) : 생각을 끊음. 미련 없이 잊어버림.
- 斷絶(단절) : 어떤 관계나 교류를 끊음. 절단.
- 斷定(단정) : 딱 잘라 결정함.

念 생각 **념**　絶 끊을 **절**　定 정할 **정**

｜ 幺 幺 幺 丝 丝 丝 丝 丝 丝 丝 斷 斷 斷 斷 斷

| 斷 | | | | | |
|---|---|---|---|---|---|
| | | | | | |

나무 목(木)과 클 단(亶).
크고 단단한 나무로, '박달나무, 향나무' 를
뜻한다.

훈 박달나무  음 단

향나무, 베풀다

木(나무 목)부, ⑬ 17획

- 檀君(단군) : 우리 민족의 시조로 받드는 태초의 임금. 단군 왕검.
- 檀紀(단기) : 단군이 개국하여 왕위에 오른 해를 원년(元年)으로 하는
  우리나라의 기원. 단군 기원의 준말.

君 임금 군   紀 벼리 기   元 으뜸 원   年 해 년

|  |  |  |  |  |  |  |
|---|---|---|---|---|---|---|
| 檀 |  |  |  |  |  |  |
|  |  |  |  |  |  |  |

동 末 끝 말   終 마칠 종

 설 립(立)과 끝 단(耑).
초목의 어린 싹이 돋아나는 것으로, 곧추선
처음 '끝, 실마리' 를 뜻한다.

훈 끝  음 단

가, 실마리, 단정하다

立(설 립)부, ⑨ 14획

- 端末(단말) : 끄트머리. 끝. 처음과 끝.
- 端緒(단서) : 일의 처음. 일의 실마리.
- 端正(단정) : 옷차림이나 몸가짐 등이 흐트러짐 없이 바르다.

末 끝 말   緒 실마리 서   正 바를 정

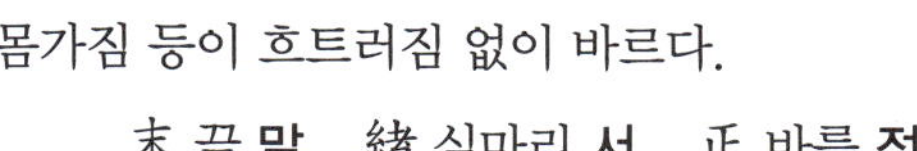

|  |  |  |  |  |  |  |
|---|---|---|---|---|---|---|
| 端 |  |  |  |  |  |  |
|  |  |  |  |  |  |  |

# 達

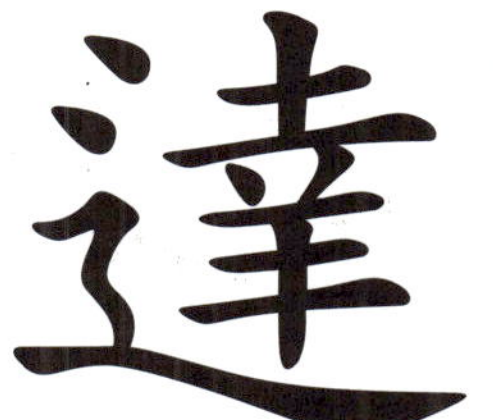

훈 통달할 음 달

통하다, 다다르, 보내다

⻌(책받침)부, ⑨ 13획

간 达 동 通 통할 통

형성자 큰 대(土 · 大)와 양 양(羊), 쉬엄쉬엄 갈 착(⻌ · 辵). 새끼양이 어미양 있는 곳까지 걸어가서 이르는 것을 뜻한다.

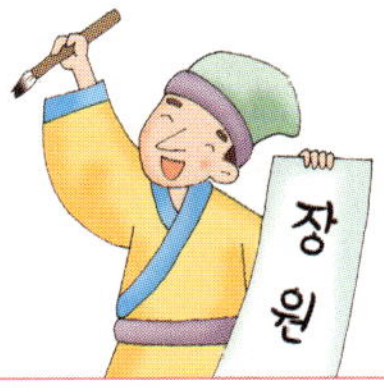


- 達觀(달관) : 사물에 통달한 관찰. 사소한 것에 매이지 않는 경지.
- 達辯(달변) : 막힘이 없이 말을 아주 잘함.
- 達成(달성) : 뜻한 것을 이룸. 목적한 바를 이룸.

觀 볼 관 辯 말씀 변 成 이룰 성

一 十 土 圭 夫 夳 坴 坴 幸 𡴇 達 達 達

達

# 擔

훈 멜 음 담

짊어지다, 맡다

扌(재방변)부, ⑬ 16획

간약 担 동 任 맡길 임

형성자 손 수(扌 · 手)와 이를 첨(詹 : 위를 덮어 가리다). 무거운 짐을 손으로 들어 어깨에 짊어 지는 것을 뜻한다.

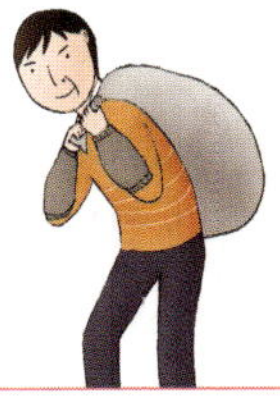

- 擔當(담당) : 일을 맡아 함. 어떤 일을 맡음.
- 擔保(담보) : 맡아서 보증함. 빚 대신 제공하는 보증.
- 擔任(담임) : 주로 학교에서, 학급이나 학과목을 책임지고 맡아봄.

當 마땅 당 保 지킬 보 任 맡길 임

一 扌 扌 扌 扌 扌 扌 扌 扌 扌 扌 扌 擔 擔 擔 擔

擔

# 黨

<훈> 무리  <음> 당

동아리, 치우치다, 일가

黑(검을 흑)**부**, ⑧ 20획

**간약** 党

**동** 群 무리 군  徒 무리 도
　　 隊 무리 대  衆 무리 중

**형성자**

높을 상(尚)과 검을 흑(黑 : 상징적인 빛깔).
한 지붕 아래 모인, '무리'를 뜻한다.

- 黨論(당론) : 정당의 의견이나 논의. 붕당의 논의.
- 黨派(당파) : 어떤 목적으로 뭉쳐진 무리.
- 徒黨(도당) : 떼를 지은 무리.

論 논할 **론**　派 갈래 **파**　徒 무리 **도**

ㅣ ㅣ ㅆ ㅆ 半 ㅄ 尚 尚 尚 尚 尚 堂 堂 堂 堂 堂 黨 黨 黨

| 黨 | | | | | | | |
|---|---|---|---|---|---|---|---|
| | | | | | | | |

# 帶

<훈> 띠  <음> 대(:)

띠다, 두르다, 허리에 차다

巾(수건 건)**부**, ⑧ 11획

**간** 帶

**회의자**　허리띠 장식 모양(㠭)과 수건 건(巾).
천을 겹쳐서 띠로 졸라매는 모양으로,
'띠, 두르다'를 뜻한다.

- 帶劍(대검) : 칼을 참. 몸에 차는 칼.
- 帶同(대동) : 데리고 함께 감.
- 連帶(연대) : 두 사람 이상이 서로 책임을 짐.

劍 칼 **검**　同 한가지 **동**　連 이을 **련**

一 十 卅 卅 卅 丗 带 带 带 带 带

| 帶 | | | | | | | |
|---|---|---|---|---|---|---|---|
| | | | | | | | |

隊

훈 무리　음 대

떼, 대오, 군대

阝(좌부방)부, ⑨ 12획

간 队　동 黨 무리 당　衆 무리 중

형성자　언덕 부(阝·阜)와 다할 수(㒸).
언덕에 나타난 멧돼지 떼를 가리켜, '무리·떼'
를 뜻한다.

- 隊列(대열) : 질서 있게 늘어선 행렬. 어떤 활동을 목적으로 이루어진 한 떼.
- 隊伍(대오) : 군대 행렬의 줄. 군대의 대열.
- 軍隊(군대) : 일정한 조직을 가진 군인 집단.

列 벌일 렬　伍 다섯사람 오　軍 군사 군

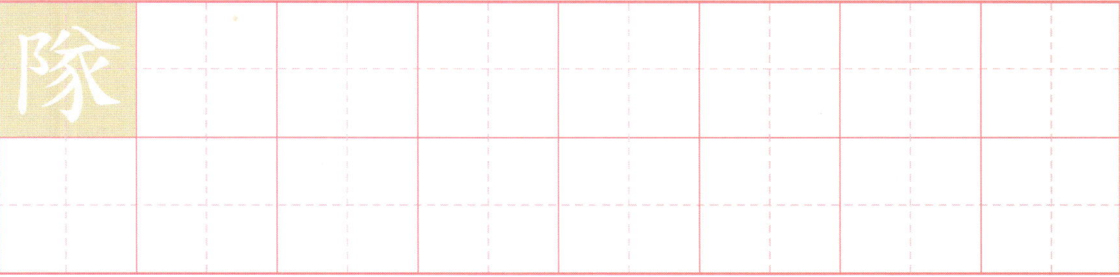

導

훈 인도할　음 도:

이끌다, 길잡이

寸(마디 촌)부, ⑬ 16획

간 导　동 引 끌 인

형성자　길 도(道)와 마디 촌(寸).
가야 할 길을 손으로 가리켜 주는 것으로,
'인도하다, 이끌다' 를 뜻한다.

- 導入(도입) : 이끌어들임.
- 導出(도출) : 어떤 생각이나 판단, 결론 등을 이끌어 냄.
- 引導(인도) : 가르쳐 일깨움. 길을 안내함.

入 들 입　出 날 출　引 끌 인

# 毒

<훈> 독　<음> 독

해치다, 독하다, 독초

毋(말 무)부, ④ 8획



풀 초(屮)와 음란할 매(毒).
음란하게 만드는 독이 든 풀이 우거져 있는
것을 뜻한다.

- 毒氣(독기) : 독이 있는 기운. 사납고 모진 기운.
- 毒殺(독살) : 독약을 먹여서 죽임. 악독한 살기.
- 毒藥(독약) : 독성을 가진 약제.

氣 기운 기　殺 죽일 살, 감할/빠를 쇄　藥 약 약

---

# 督

<훈> 감독할　<음> 독

살펴보다, 통솔하다

目(눈 목)부, ⑧ 13획

<동> 監 볼 감　省 살필 성　察 살필 찰

 어릴 숙(叔)과 눈 목(目).
어린이는 잘 보살펴야 하는 것으로,
'감독하다, 살펴보다'를 뜻한다.

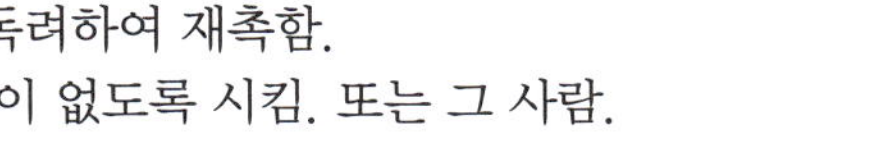

- 督勵(독려) : 감독하며 격려함.
- 督促(독촉) : 몹시 재촉함. 독려하여 재촉함.
- 監督(감독) : 보살피어 잘못이 없도록 시킴. 또는 그 사람.

勵 힘쓸 려　促 재촉할 촉　監 볼 감

銅

**형성자** 쇠 금(金)과 한가지 동(同 : 원기둥).
원기둥꼴의 기구를 만들기 위한 금속, '구리'를
뜻한다.

- 銅鏡(**동경**) : 구리로 만든 거울.
- 銅像(**동상**) : 구리로 만든 사람이나 동물의 형상.
- 銅錢(**동전**) : 구리나 구리를 섞은 쇠붙이로 만든 돈.

**훈** 구리  **음** 동

돈, 도장, 구리그릇

金(쇠 금)부, ⑥ 14획

鏡 거울 **경**   像 모양 **상**   錢 돈 **전**

斗

**상형자**

곡식을 담아서 수량을 헤아리는 말(斗 : 자루
달린 국자)의 모양으로, '말, 열 되'를 뜻한다.

- 斗量(**두량**) : 말이나 되로 곡식의 분량을 헤아림.
- 北斗七星(**북두칠성**) : 큰곰자리에서 가장 뚜렷하게 보이는, 국자 모양
  으로 된 일곱 개의 별. 북두성.

**훈** 말  **음** 두

말(용량의 단위), 10승(升), 별 이름

斗(말 두)부, ⓪ 4획

量 헤아릴 **량**   北 북녘 **북,** 달아날 **배**   七 일곱 **칠**   星 별 **성**

豆



뚜껑이 달리고 굽이 높은 제사 그릇의
모양을 본떠, '제기, 콩'을 뜻한다.

**훈** 콩 **음** 두

팥, 제기 이름, 제수

豆(콩 두)부, ❶ 7획

- 豆腐(두부) : 콩으로 만든 식품의 한 가지.
- 豆乳(두유) : 불린 콩을 간 다음 물을 더하여 끓인 것을 걸러 낸 콩국.
- 豆油(두유) : 콩기름.

腐 썩을 **부**   乳 젖 **유**   油 기름 **유**

一 丆 戸 豆 豆 豆 豆

豆

---

得

회의자   조금 걸을 척(彳)과 조개 패(旦·貝),
마디 촌(寸). 걸어가서 재물을 손에 넣는
것으로, '얻다'를 뜻한다.

**훈** 얻을 **음** 득

깨닫다, 탐하다, 알다

彳(두인변)부, ⑧ 11획

- 得勢(득세) : 세력을 얻음. 형세가 유리해짐.
- 得意揚揚(득의양양) : 뜻을 이루어 우쭐거리며 뽐내는 모양.
- 得票(득표) : 투표에서, 찬성의 표를 얻음.

勢 형세 **세**   意 뜻 **의**   揚 날릴 **양**   票 표 **표**

丿 彳 彳 彳 彳 彳 得 得 得 得 得

得

# 燈

**훈** 등  **음** 등

등잔, 등불, 초

火(불 화)부, ⑫ 16획

**간약** 灯

**형성자** 불 화(火)와 오를 등(登).
불을 켜서 높이 올려 놓는다는 뜻으로,
'등, 등잔'을 뜻한다.

- 燈油(등유) : 등불을 켜는 데 쓰는 기름. 석유.
- 燈火可親(등화가친) : 등불을 가까이하여 글 읽기에 좋은 시절, 곧 가을 철을 일컬음.

油 기름 **유**   火 불 **화**   可 옳을 **가**   親 친할 **친**

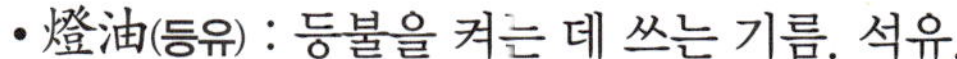

| 燈 | | | | | | | | | |
|---|---|---|---|---|---|---|---|---|---|
| | | | | | | | | | |

# 羅

**훈** 벌일  **음** 라

늘어서다, 그물, 비단

网(그물망)부, ⑭ 19획

**간** 罗   **동** 列 벌일 **렬**

**회의자** 그물 망(罒·网)과 맬 유(維).
새 잡는 그물을 쳐 놓은 것으로 '벌이다,
늘어서다'를 뜻한다.

- 羅拜(나배) : 여럿이 늘어서서 함께 절을 함.
- 羅紗(나사) : 양복감으로 쓰이는 두꺼운 모직물.
- 羅列(나열) : 죽 벌이어 놓음. 진열. 죽 늘어놓음.

拜 절 **배**   紗 깁 **사**   列 벌일 **렬**

| 羅 | | | | | | | | | |
|---|---|---|---|---|---|---|---|---|---|
| | | | | | | | | | |

## 兩

훈 두 음 량:

둘, 짝, 필, 쌍, 냥

入(들 입)부, ⑥ 8획

간 两  약 両  동 二 두 이  再 두 재

상형자 저울추의 두 쪽을 본뜬 글자. '둘'을 뜻한다. 또 가차하여 무게의 단위로도 쓰인다.

- 兩家(양가) : 두 집. 양편의 집. 양쪽의 집.
- 兩面(양면) : 앞면과 뒷면. 양쪽 면.
- 兩親(양친) : 아버지와 어머니. 부모.

家 집 가  面 낯 면  親 친할 친

一 [illegible] 丆 币 币 雨 兩 兩

兩

## 麗

훈 고울 음 려

빛나다, 붙다, 맑다

鹿(사슴 록)부, ⑧ 19획

간 丽  약 麗  동 鮮 고울 선

상형자 아름다운 뿔이 가지런히 난 사슴의 모양을 본뜬 글자. '곱다'를 뜻한다.

- 麗人(여인) : 얼굴 모습이 아름다운 여자. 미인.
- 美麗(미려) : 아름답고 고움.
- 秀麗(수려) : 경치나 용모가 빼어나게 아름다움.

人 사람 인  美 아름다울 미  秀 빼어날 수

麗

# [제1회] 한자능력검정시험 4급Ⅱ 예상 문제

## 1. 다음 밑줄 친 漢字語의 讀音을 쓰시오.(1~35)

1 복권에 당첨되었다고 假定하면, 당신은 무엇부터 할 건가요? [          ]

2 이번 주부터 監査가 시작된다고 한다. [          ]

3 이제부터는 몸과 마음의 健康을 생각해야 한다. [          ]

4 이번 학기의 講義는 이것으로 끝이다. [          ]

5 석규는 독학으로 대학 입시 檢定 고시에 합격하였다. [          ]

6 나는 네가 潔白하다는 것을 믿는다. [          ]

7 나는 오늘 몸이 아파서 학교에 缺席하였다. [          ]

8 우리나라의 國境은 백두산과 압록강으로 정해야 한다. [          ]

9 우리는 8·15 광복절을 慶祝하기 위해 기념식장에 모였다. [          ]

10 이번 여행에서 經驗한 것을 글로 써 보아라. [          ]

11 전방 초소에서 警備를 서고 있는 국근 아저씨. [          ]

12 삼가 故人의 명복을 빕니다. [          ]

13 책을 읽다가 아름다운 文句를 발견하였다. [          ]

14 일자리 창출을 위한 求職 광고가 눈에 번쩍 띄었다. [          ]

15 사고의 원인을 철저하게 究明하여야 한다. [          ]

16 텔레비전에서 옛 宮女의 삶을 재조명한 프로그램을 방송하고 있다. [          ]

17 국민의 알 權利를 찾아보자. [          ]

18 일주일 동안 시험 공부를 하느라 極度로 피곤하다. [          ]

19 우리는 산에 가서 입산 禁止 구역을 철저하게 지켰다. [          ]

20 아무래도 소화 器官에 이상이 있는 듯하여 병원에 갔다. [          ]

21 나는 아침 7시에 起床하기로 계획을 세웠다.          [          ]

22 우리가 살고 있는 아파트는 겨울에 暖房이 잘 된다.     [          ]

23 이번 물난리로 많은 難民이 발생하였다.               [          ]

24 너는 재능은 있는데 努力이 부족하다.                 [          ]

25 대문에 들어선 아버지의 얼굴에 怒氣가 서려 있었다.    [          ]

26 벌써 斷念하기에는 너무 이른 것 같다.                [          ]

27 이 소설은 구성이 너무나 單純하다.                   [          ]

28 우리 민족의 시조는 檀君 할아버지이시다.             [          ]

29 나는 거울을 보면서 옷을 端正하게 입었다.            [          ]

30 목적을 達成할 때까지 포기해서는 안 된다.            [          ]

31 우리 擔任 선생님은 자상하시고 인자하시다.           [          ]

32 각 반별로 隊列을 지어 행진을 시작하였다.            [          ]

33 광화문에 세종대왕의 銅像이 새로 세워졌다.           [          ]

34 저에게는 兩親 부모님 모두 살아계십니다.             [          ]

35 영식이는 과반수의 得票로 반장에 당선되었다.         [          ]


## 2. 다음 漢字의 訓과 音을 쓰시오. (36~57)

| 例 | 字 → 글자 자 |
|---|---|

36 麗 [          ]     37 羅 [          ]     38 豆 [          ]

39 銅 [          ]     40 毒 [          ]     41 導 [          ]

42 帶 [          ]     43 擔 [       ～ ]     44 檀 [          ]

45 怒 [          ]        46 難 [          ]        47 禁 [          ]

48 極 [          ]        49 權 [          ]        50 究 [          ]

51 係 [          ]        52 警 [          ]        53 慶 [          ]

54 缺 [          ]        55 檢 [          ]        56 講 [          ]

57 街 [          ]


**3. 다음 (  ) 안의 뜻풀이를 참고하여 제시된 漢字語를 漢字로 쓰시오.**(58~67)

58 가로(도시의 넓은 길) ···································· [                    ]

59 감원(인원을 줄임) ······································ [                    ]

60 강복(몸이 건강하고 행복함) ······················ [                    ]

61 개별(하나하나. 낱낱이 서로 다름) ··············· [                    ]

62 경영(사업체나 단체를 운영함) ···················· [                    ]

63 고향(자기가 태어나서 자란 곳) ·················· [                    ]

64 권세(권력과 세력) ···································· [                    ]

65 단가(일정한 단위의 값) ···························· [                    ]

66 당론(정당의 의견이나 논의. 붕당의 논의) ······ [                    ]

67 양가(두 집. 양편의 집. 양쪽의 집) ··············· [                    ]


**4. 다음 문장에서 밑줄 친 漢字語를 漢字로 쓰시오.**(68~77)

68 석규 삼촌은 영화 감독으로 유명하시다.                    [                    ]

69 시골에 계신 할아버지의 강녕하심을 인사드렸다.          [                    ]

70 네가 큰 상을 받게 되다니 우리 집에 경사가 났구나.      [                    ]

71 고국을 떠나온 지 벌써 3년이 되었구나.　　　　　　[　　　　]

72 글의 뜻을 분명하게 하기 위해 구두점을 잘 찍어야 한다. [　　　　]

73 안중근 의사의 생애에 대해 연구해 오길 바란다.　　　[　　　　]

74 증거도 없이 그를 범인으로 단정지어서는 안 된다.　　[　　　　]

75 그는 달변으로 상대방의 마음을 사로잡는다.　　　　　[　　　　]

76 대한민국의 건강한 남자로서 군대에 필히 가야 한다.　[　　　　]

77 큰곰자리 일곱 개의 별을 북두칠성이라 한다.　　　　　[　　　　]

## 5. 다음 (　) 안에 알맞은 漢字를 써서 四字成語를 완성하시오.(78~82)

78 (　　　)火可親 : 등불을 가까이 하여 글 읽기에 좋은 시절, 곧 가을철을
　　　　　　　　　　일컬음.

79 單刀(　　　)入 : 요점을 바로 풀이하여 들어감.

80 (　　　)發大發 : 몹시 성냄. 성을 몹시 매섭게 냄.

81 難(　　　)不落 : 공격하기가 어려워서 쉽사리 함락되지 않음.

82 街談巷(　　　) : 시중에 떠도는 하찮은 소문.

## 6. 다음 漢字와 뜻이 反對 또는 相對되는 漢字를 [　] 안에 넣어 漢字語를 만드시오.(83~85)

83 加 [　　　　]　　84 得 [　　　　]　　85 複數 [　　　　]

## 7. 다음 漢字와 뜻이 같거나 비슷한 漢字를 [　] 안에 넣어 漢字語를 만드시오.(86~88)

86 [　　　　] 絶　　87 [　　　　] 列　　88 [　　　　] 界

8. 다음 漢字語와 讀音은 같으나 뜻은 제시된 풀이에 맞는 漢字語가 되도록 (  ) 안
   에 漢字를 쓰시오.(89~91)

   89 頭有  …………  (      )油 : 콩기름.

   90 良勉  …………  (      )面 : 앞면과 뒷면. 양쪽 면.

   91 感示  …………  (      )視 : 잘못되는 일이 없도록 늘 살핌.


9. 다음 漢字의 略字를 쓰시오.(92~94)

   92 經 [          ]     93 假 [          ]     94 兩 [          ]


10. 다음 漢字의 部首를 쓰시오.(95~97)

   95 監 [          ]     96 慶 [          ]     97 毒 [          ]


11. 다음 漢字語의 뜻을 쓰시오.(98~100)

   98 美麗 (                          )

   99 起居 (                          )

   100 得勢 (                          )

# 제2장 殺身成仁(살신성인) 編

連 列 錄 論 留 律 滿 脈 毛 牧

務 武 味 未 密 博 房 訪 防 拜

背 配 伐 罰 壁 邊 保 報 寶 步

副 婦 富 府 復 佛 備 悲 非 飛

貧 師 寺 舍 謝 殺 常 床 想 狀

# 連

**훈** 이을 　**음** 련

잇다, 연하다, 관련되다

辶(책받침)**부**, ⑦ 11획

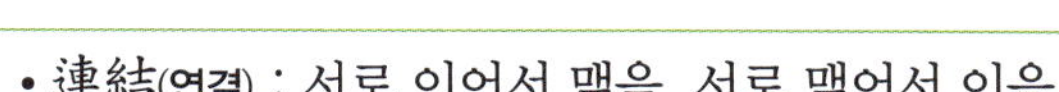

**간** 连 　**동** 續 이을 속 　**반** 絶 끊을 절

**회의자** 수레 거(車)와 쉬엄쉬엄 갈 착(辶 · 辵).
사람이 늘어서서 수레를 끌고 가는 것을 뜻한다.

- 連結(연결) : 서로 이어서 맺음. 서로 맺어서 이음.
- 連絡(연락) : 정보 등을 전함. 또는 그 정보. 서로 관계를 가짐.
- 連戰連勝(연전연승) : 싸울 때마다 잇따라 이김.

結 맺을 **결** 　絡 이을/얽을 **락** 　戰 싸움 **전** 　勝 이길 **승**

一 厂 厃 厈 旨 亘 車 軋 軋 連 連

| 連 | | | | | | |
|---|---|---|---|---|---|---|
| | | | | | | |

# 列

**훈** 벌일 　**음** 렬

늘어놓음, 줄, 행렬

刂(선칼도방)**부**, ④ 6획

**동** 羅 벌일 라

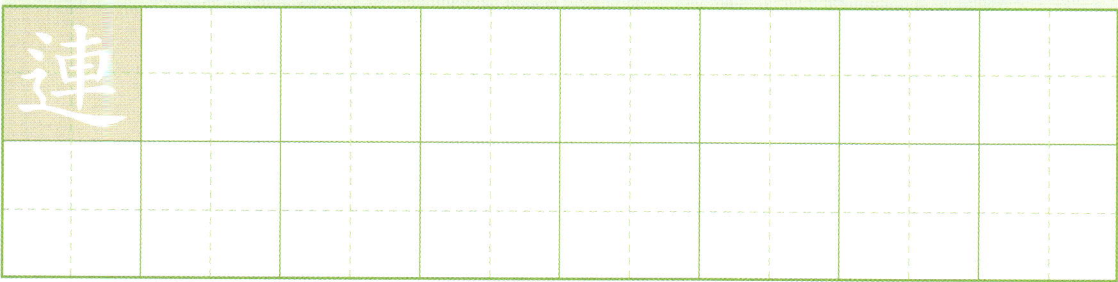

**형성자** 뼈 앙상할 알(歹)과 칼 도(刂 · 刀).
칼로 뼈를 발라내어 벌여 놓은 것을 뜻한다.

- 列擧(열거) : 여러 가지 예를 듦. 하나씩 들어 말함.
- 列傳(열전) : 여러 사람의 개별적인 전기(傳記)를 차례로 벌여 적은 것.
- 列車(열차) : 기관차에 객차 등을 연결한 차량.

擧 들 **거** 　傳 전할 **전** 　記 기록할 **기** 　車 수레 **거 · 차**

一 厂 歹 歹 列 列

| 列 | | | | | | |
|---|---|---|---|---|---|---|
| | | | | | | |

# 錄

**훈** 기록할 **음** 록

베끼다, 문서, 목록

金(쇠 금)부, ⑧ 16획

 录　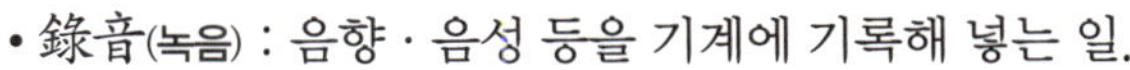 記 기록할 **기**　誌 기록할 **지**

**형성자** 쇠 금(金)과 나무 깎을 록(彔).
칼로 나무를 깎아 글자를 새기는 것으로,
'기록하다' 를 뜻한다.

- 錄音(녹음) : 음향 · 음성 등을 기계에 기록해 넣는 일.
- 錄畫(녹화) : 비디오 테이프에 영상을 기록함.
- 記錄(기록) : 남길 필요가 있는 사항을 적는 일.

音 소리 **음**　畫 그림 **화**, 그을 **획**　記 기록할 **기**

丿 ⺈ ⺊ ⺌ 牟 牟 金 金 釒 釒 釒 鈩 鈩 錄 錄 錄

| 錄 | | | | | | | |
|---|---|---|---|---|---|---|---|
| | | | | | | | |

# 論

**훈** 논할 **음** 론

말하다, 고하다, 의견

言(말씀 언)부, ⑧ 15획

 论　 議 의논할 **의**

**형성자** 말씀 언(言)과 조리세울 륜(侖).
자기의 생각을 조리있게 말하는 것으로,
'논하다, 말하다' 를 뜻한다.

- 論功行賞(논공행상) : 공(功)의 유무에 따라 알맞은 상을 내림.
- 論理(논리) : 생각하여 분별하는 이치.
- 論議(논의) : 서로 의견을 논술하여 토의함.

功 공 **공**　行 다닐 **행**, 항렬 **항**　賞 상줄 **상**　理 다스릴 **리**　議 의논할 **의**

丶 ⺀ ⺘ 言 言 言 言 訁 訡 訡 論 論 論 論 論

| 論 | | | | | | | |
|---|---|---|---|---|---|---|---|
| | | | | | | | |

# 留

**형성자** 문 닫을 류(卯)와 밭 전(田).
논밭 사이의 물의 흐름이 '머무르다, 정지하다'
를 뜻한다.

**훈** 머무를 **음** 류

체류하다, 정지함

田(밭 전)**부**, ⑤ 10획

- 留保(유보) : 뒷날로 미루어 둠. 保留(보류).
- 留任(유임) : (그 자리에) 그대로 머물러 일을 맡아봄.
- 留置(유치) : 남의 물건을 맡아 둠. 피의자를 일정한 곳에 가둠.

保 지킬 **보**　任 맡길 **임**　置 둘 **치**

丶 丆 丘 丘 卯 卯 卯 留 留 留

---

# 律

法 법 **법** 規 법 **규** 式 법 **식**

**회의자** 조금 걸을 척(彳)과 붓 율(聿).
인간 행위의 기준을 적어 놓은 것으로,
'법칙'을 뜻한다.

**훈** 법칙 **음** 률

법, 규칙, 자리, 음률

彳(두인변)**부**, ⑥ 9획

- 律動(율동) : 규칙적인 운동. 리듬에 맞추어 추는 춤.
- 律法(율법) : 법률. 생활에 대해 신이 내린 법규.
- 法律(법률) : 국가가 정한 국민이 따라야 할 규율.

動 움직일 **동**　法 법 **법**

丶 ㇀ 彳 彳 彳 彳 律 律 律

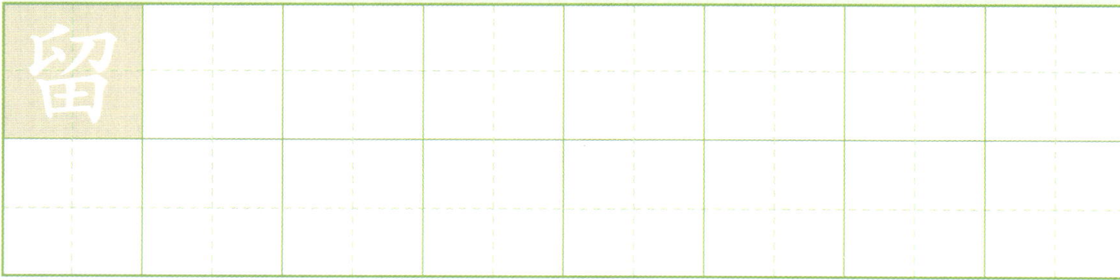

# 滿



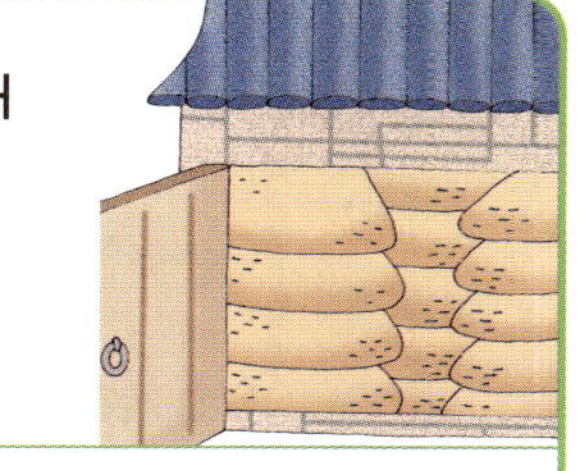

간 滿  약 満  반 空 빌 공  虛 빌 허

형성자 물 수(氵·水)와 평평할 만(㒼).
물이 평평하게 넘쳐 흐르는 것으로, '차다, 풍족하다' 를 뜻한다.

- 滿期(만기) : 정해 놓은 기한이 다 참.
- 滿發(만발) : 많은 꽃이 한꺼번에 활짝 핌.
- 滿場一致(만장일치) : 그 자리에 있는 모든 사람의 의견이 완전히 일치하는 일.

期 기약할 기  發 필 발  場 마당 장  一 한 일  致 이를 치

# 脈



형성자 몸 육(月·肉)과 물갈래 파(辰·派).
몸 안에 흐르는 핏줄로, '줄기, 맥' 을 뜻한다.

*月(肉·육달월)은 '살, 고기' 와 관련이 있으며,
月(달 월) 부수의 글자는 '달' 과 관련이 있다.

- 脈絡(맥락) : 말이나 글 등이 이루는 내용의 줄기나 흐름.
- 脈搏(맥박) : 심장의 박동에 따라 일어나는 파동.
- 一脈相通(일맥상통) : 성질, 생각 등이 어떤 면에서 한가지로 서로 통함.

絡 이을/얽을 락  搏 두드릴 박  相 서로 상  通 통할 통

동 髮 터럭 **발**

상형자 사람의 머리털이나 짐승의 털이 나 있는 모양을 본뜬 글자.

毛

훈 터럭  음 모

머리털, 모피, 풀

毛(터럭 모)**부**, ⓪ 4획

- 毛骨(모골) : 터럭과 뼈. 사람의 얼굴 모양.
- 毛髮(모발) : 머리털. 사람의 몸에 난 터럭을 통틀어 이르는 말.
- 毛織(모직) : 털실로 짠 피륙.

骨 뼈 **골**   髮 터럭 **발**   織 짤 **직**

牧

훈 칠  음 목

기르다, 마소 치는 사람

牛(소 우)**부**, ④ 8획

형성자

소 우(牛)와 칠 복(攵 · 攴).
손에 회초리를 들고 소를 모는 것으로,
'치다, 기르다' 를 뜻한다.

- 牧歌(목가) : 목동이나 목자의 노래. 전원을 주제로 한 시가나 가곡.
- 牧童(목동) : 양이나 마소를 기르는 아이.
- 牧畜(목축) : 마소와 양 등의 가축을 길러 번식시키는 일.

歌 노래 **가**   童 아이 **동**   畜 짐승 **축**

# 務

**훈** 힘쓸　**음** 무:

일, 직분, 직무

力(힘 력)부, ⑨ 11획

**간** 务　**동** 勉 힘쓸 면

**형성자** 힘쓸 무(敄)와 힘 력(力).
어려운 일에 힘을 다하는 것으로, '힘쓰다' 를
뜻한다.

- 務望(무망) : 꼭 이루어지기를 간절히 바람.
- 公務(공무) : 공적인 일  국가나 공공 단체의 사무.
- 事務(사무) : 관공서나 기업체 등에서 문서나 장부 등을 다루는 일.

望 바랄 **망**　公 공평할 **공**　事 일 **사**

ㄱ　ㄱ　ㄹ　矛　矛　矛　矛　矜　務　務

# 武

**훈** 호반　**음** 무:

무인, 굳세다, 전술

止(그칠 지)부, ④ 8획

**반** 文 글월 문

**회의자** 창 과(戈)와 발 지(止).
창(무기)을 들고 전장에 싸우러 나가는 것을
뜻한다.

- 武功(무공) : 전쟁에서 세운 공적.
- 武器(무기) : 전쟁에 쓰이는 온갖 도구.
- 武勇(무용) : 무예와 용맹. 싸움에서 용맹스러움.

功 공 **공**　器 그릇 **기**　勇 날랠 **용**

ㄱ　一　千　千　正　正　武　武

입 구(口)와 아닐 미(未 : 미묘하다).
달다, 맵다 등의 미묘한 맛을 느끼는 것을
뜻한다.

**훈** 맛 **음** 미:

맛보다, 영양, 취향, 뜻

口(입 구)**부**, ⑤ 8획

- 味覺(미각) : 오감(五感)의 하나. 혀 등으로 맛을 느끼는 감각. 味感(미감).
- 味神經(미신경) : 혀의 점막에 있어 미각을 맡아보는 신경.
- 吟味(음미) : 내용이나 속뜻을 깊이 새겨 감상하거나 따져 봄.

覺 깨달을 **각**  感 느낄 **감**  神 귀신 **신**  經 지날/글 **경**  吟 읊을 **음**

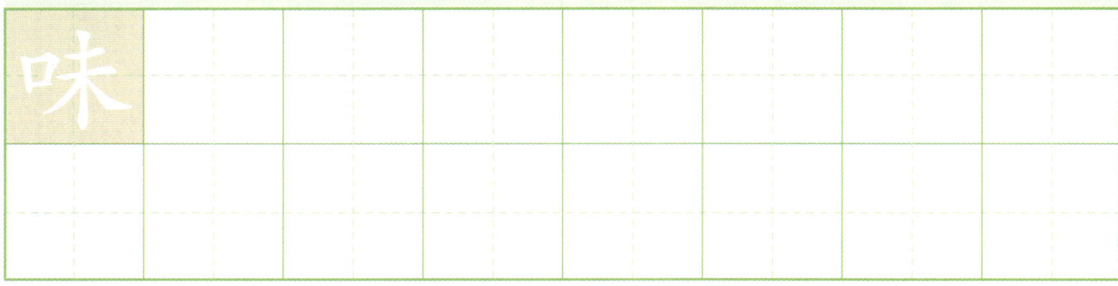

**반** 既 이미 기  **동** 不 아닐 불·부  非 아닐 비

 나무 목(木)과 한 일(一 : 어린 가지).
나무에 어린 가지가 뻗은 모양. 나뭇가지가
다 자라지 않은 것으로, '아니다' 를 뜻한다.

**훈** 아닐  **음** 미(:)

못하다, 미래

木(나무 목)**부**, ① 5획

- 未開(미개) : 문명이 깨지 못한 상태. (꽃 따위가) 아직 피지 못한 상태에 있음.
- 未來(미래) : 아직 다가오지 않은 때. 장래.
- 未成年(미성년) : 성년이 되지 않은 아이. 또는 그 사람.

開 열 **개**  來 올 **래**  成 이룰 **성**  年 해 **년**

빽빽할 밀(宓)과 메 산(山).
산에 나무가 빽빽한 것을 뜻한다.

훈 **빽빽할** 음 **밀**

자세하다, 은밀히, 가깝다

宀(갓머리)**부**, ⑧ **11획**

- 密談(밀담) : 남 몰래 비밀히 이야기함. 또는 그 이야기.
- 密林(밀림) : 큰 나무들이 빽빽하게 들어선 수풀.
- 密約(밀약) : 비밀히 약속함. 비밀 약속.

談 말씀 **담**  林 수풀 **림**  約 맺을 **약**

| 密 | | | | | | | |
|---|---|---|---|---|---|---|---|
| | | | | | | | |

---

통 普 넓을 **보**  廣 넓을 **광**

 열 십(十)과 펼 부(尃).
여러 방면으로 넓게 펴는 것으로, '넓다, 크다'를
뜻한다.

훈 **넓을** 음 **박**

크다, 학문이 넓다

十(열 십)**부**, ⑩ **12획**

- 博識(박식) : 아는 것이 많고 견문이 넓음.
- 博愛(박애) : 모든 사람을 차별 없이 두루 사랑함.
- 博學(박학) : 학식이 넓고 아는 것이 많음.

識 알 **식**, 기록할 **지**  愛 사랑 **애**  學 배울 **학**



| 博 | | | | | | | |
|---|---|---|---|---|---|---|---|
| | | | | | | | |

**房**

훈 방　음 방

곁방, 집, 아내

戸(지게 호)부, ④ 8획

형성자　지게 호(戸)와 모 방(方).
문을 통해 들어가는 '방'을 뜻한다. 또는 집의 좌우에 있는 작은 방.

＊戸(호)는 두 짝으로 된 문(門)의 한 짝인 '지게문'을 본뜬 글자.

- 房門(방문) : 방으로 드나드는 문.
- 房外(방외) : 방의 바깥.
- 門間房(문간방) : 대문이나 중문 바로 옆에 있는 방.

門 문 문　外 바깥 외　間 사이 간

一 厂 尸 尸 戸 戸 房 房

| 房 | | | | | | | |
|---|---|---|---|---|---|---|---|
| | | | | | | | |

**訪**

훈 찾을　음 방:

뵙다, 묻다

言(말씀 언)부, ④ 11획

간 访　동 探 찾을 탐

형성자　말씀 언(言)과 모 방(方 : 좌우).
좋은 말을 듣기 위해 여기저기를 찾아다니는 것을 뜻한다.

- 訪問(방문) : 사람을 찾아가서 만나봄.
- 來訪(내방) : 남이 나를 찾아옴.
- 探訪(탐방) : 어떤 사실을 알기 위해 직접 찾아봄.

問 물을 문　來 올 래　探 찾을 탐

丶 亠 三 亖 言 言 言 訇 訪 訪 訪

| 訪 | | | | | | | |
|---|---|---|---|---|---|---|---|
| | | | | | | | |

58

# 防



언덕 부(阝·阜)와 모 방(方 : 내밀다).
내민 언덕으로 흐르는 물을 막는 것으로,
'막다, 둑'을 뜻한다.

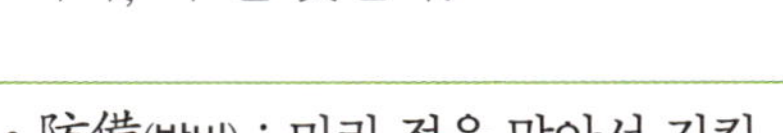

- 훈 막을　음 방
- 둑, 제방, 대비하다
- 阝(좌부방)부, ④ 7획

- 防備(방비) : 미리 적을 막아서 지킴.
- 防水(방수) : 물이 흘러 들어오는 것을 막음.
- 防止(방지) : 막아서 그치게 함. 일이 일어나지 않도록 막음.

備 갖출 비　水 물 수　止 그칠 지

ㄱ ㅋ ㅏ ㅏ 阝 阝 防 防

| 防 | | | | | | | |
|---|---|---|---|---|---|---|---|
| | | | | | | | |

# 拜



 손 수(扌)와 손 수(手), 아래 하(下).
두 손을 모아 몸을 아래로 굽히고 절하는
것을 뜻한다.

- 훈 절　음 배ː
- 절하다, 공경하다
- 手(손 수)부, ⑤ 9획

- 拜禮(배례) : 절하는 예 머리 숙여 절을 함.
- 拜謁(배알) : 지체 높은 분을 만나 뵘.
- 歲拜(세배) : 새해에 웃어른께 드리는 인사.

禮 예도 례　謁 뵐 알　歲 해 세

ㄱ ㅋ ㅋ 手 手 手 手 拜 拜

| 拜 | | | | | | | |
|---|---|---|---|---|---|---|---|
| | | | | | | | |

# 背



배반할 배(北 : 등, 북쪽)와 몸 육(月 · 肉).
몸뚱이의 등쪽을 나타내어, '등, 배반하다' 를
뜻한다.

훈 **등** 음 **배:**

뒤, 등지다, 배반하다

月(육달월)부, ⑤ 9획

- 背景(배경) : 뒤쪽의 경치. 뒤에서 도와주는 힘.
- 背叛(배반) : 신의를 저버리고 돌아섬. 등지고 나섬. 背反(배반).
- 背信(배신) : 신의를 저버림. 자기를 믿는 사람을 속임.

景 볕 **경**　叛 배반할 **반**　反 돌이킬/돌아올 **반**　信 믿을 **신**

丿 丨 ｜ 北 北 背 背 背 背

| 背 | | | | | | | |
|---|---|---|---|---|---|---|---|
| | | | | | | | |

# 配

동 分 나눌 **분**　別 다를/나눌 **별**

 닭 유(酉 : 술, 술단지)와 몸 기(己).
사람이 술단지를 늘어놓는 것으로, '짝, 짝하다'
를 뜻한다.

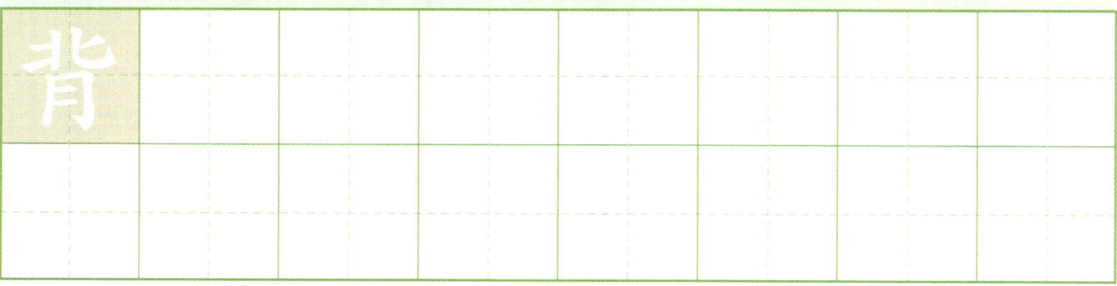

훈 **나눌/짝** 음 **배:**

짝하다, 짝짓다

酉(닭 유)부, ③ 10획

- 配給(배급) : 물자를 일정한 비례로 나누어 줌.
- 配達(배달) : 우편물이나 상품 따위를 날라다 줌.
- 配合(배합) : 이것저것을 일정한 비율로 알맞게 섞어 합침.

給 줄 **급**　達 통달할 **달**　合 합할 **합**

一 丆 丂 丙 西 酉 酉 酉 配 配

| 配 | | | | | | | |
|---|---|---|---|---|---|---|---|
| | | | | | | | |

伐



동 討 칠 토  打 칠 타  攻 칠 공

회의자  사람 인(亻·人)과 창 과(戈).
사람이 창을 들고 적을 치는 것을 뜻한다.

- 伐木(벌목) : 나무를 벰. 숲의 나무를 잘라 냄.
- 伐草(벌초) : 무덤의 잡풀을 베어서 깨끗이 함.
- 討伐(토벌) : 숨어서 쫓기는 적의 무리를 쳐 없애는 것.

木 나무 목  草 풀 초  討 칠 토

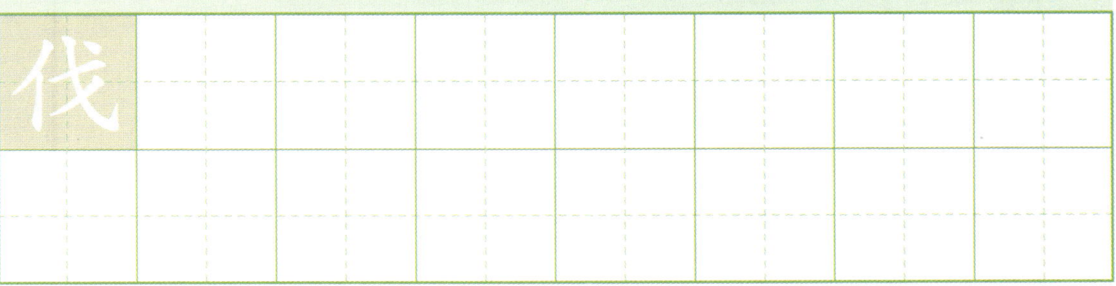


罰



간 罰  반 賞 상줄 상  동 刑 형벌 형

회의자  꾸짖을 리(詈)와 칼 도(刂·刀).
죄지은 사람을 꾸짖거나 칼로 혼내어 '벌주다'
를 뜻한다.

- 罰金(벌금) : 범죄의 처벌로서 부과하는 돈.
- 罰則(벌칙) : 법규에 대한 처벌을 정해 놓은 규칙.
- 信賞必罰(신상필벌) : 상벌을 규정대로 분명하게 함.

金 쇠 금, 성 김  則 법칙 칙, 곧 즉  信 믿을 신  賞 상줄 상  必 반드시 필

# 壁

**훈** 벽 **음** 벽

바람벽, 진터, 낭떠러지

土(흙 토)부, ⑬ 16획



물리칠 벽(辟)과 흙 토(土).
적을 막기 위해 흙이나 돌로 쌓은 성벽으로,
'벽, 담'을 뜻한다.

- 壁報(벽보) : 벽에 붙여 사람들에게 알리는 글.
- 壁紙(벽지) : 벽에 바르는 종이.
- 絶壁(절벽) : 낭떠러지. '아주 귀가 먹었거나 사리에 어두운 사람'을 비유.

報 갚을/알릴 **보**　紙 종이 **지**　絶 끊을 **절**

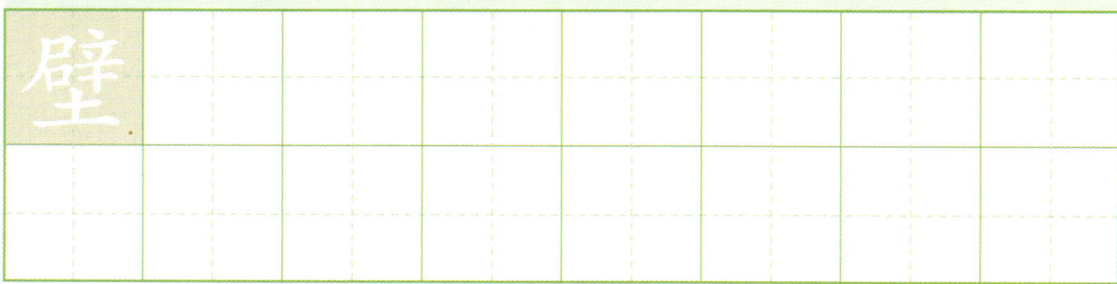

# 邊

**훈** 가 **음** 변

가장자리, 곁, 국경

辶(책받침)부, ⑮ 19획

**간** 边　**약** 辺　**반** 中 가운데 중

 쉬엄쉬엄 갈 착(辶·辵)과 보이지
않을 면(臱). 중심에서 벗어난 부분, '가'를
뜻한다.

- 邊境(변경) : 나라와 나라의 경계가 되는 변두리 지역.
- 邊防(변방) : 변경의 방비.
- 周邊(주변) : 둘레의 가장자리.

境 지경 **경**　防 막을 **방**　周 두루 **주**

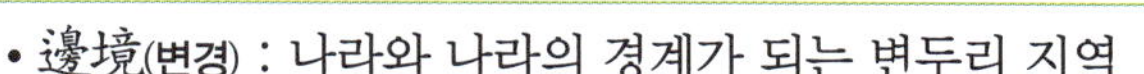

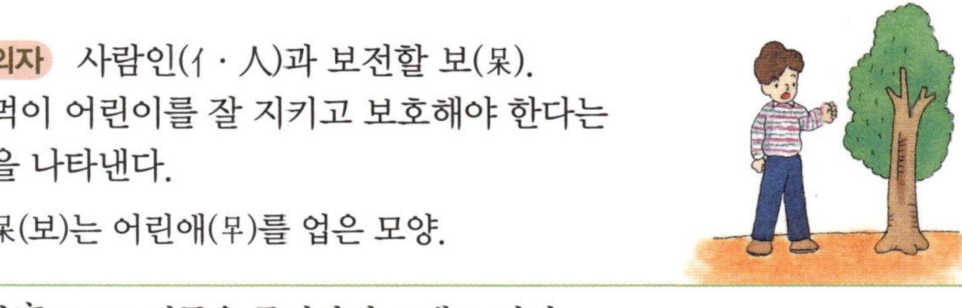

保



**훈** 지킬  **음** 보(ː)

보호하다, 보전하다

亻(사람인변)**부**, ⑦ 9획

- 保守(보수) : 전통을 중시하여 그대로 지킴.
- 保安(보안) : 사회의 안녕과 질서를 유지하고 보호하는 일.
- 保證(보증) : 어떤 사물에 대하여 틀림이 없음을 증명하거나 책임을 짐.

守 지킬 **수**　安 편안 **안**　證 증거 **증**

丿 亻 亻 仃 仴 仴 仴 仴 保

保

---

報

간 报　동 告 고할 고

**훈** 갚을/알릴  **음** 보ː

보답, 고함

土(흙 토)**부**, ⑨ 12획

- 報告(보고) : 주어진 임무에 대하여 그 결과나 내용을 말이나 글로 알림.
- 報答(보답) : 남의 은혜나 호의를 갚음.
- 報道(보도) : 새 소식을 널리 알림. 또는 그 소식

告 고할 **고**　答 대답 **답**　道 길 **도**

一 十 土 壹 坴 坴 坴 幸 幸 靯 報 報

報

## 寶

<sub>훈</sub> 보배　<sub>음</sub> 보:

보배롭다, 돈, 보물

宀(갓머리)부, ⑰ 20획

**간약** 宝　**동** 珍 보배 진

**형성자** 움집 면(宀)과 구슬 옥(玉), 장군 부 (缶), 조개 패(貝). 집안에 재화가 가득 있는 것 으로, '보배'를 뜻한다.

- 寶鑑(보감) : 모범이 될 만한 것들을 한데 모아 엮은 책.
- 寶庫(보고) : 재물을 쌓아 두는 창고. 재화가 많이 나는 곳.
- 寶物(보물) : 가치가 매우 큰 드물고 귀한 물건.

鑑 거울 **감**　庫 곳집 **고**　物 물건 **물**

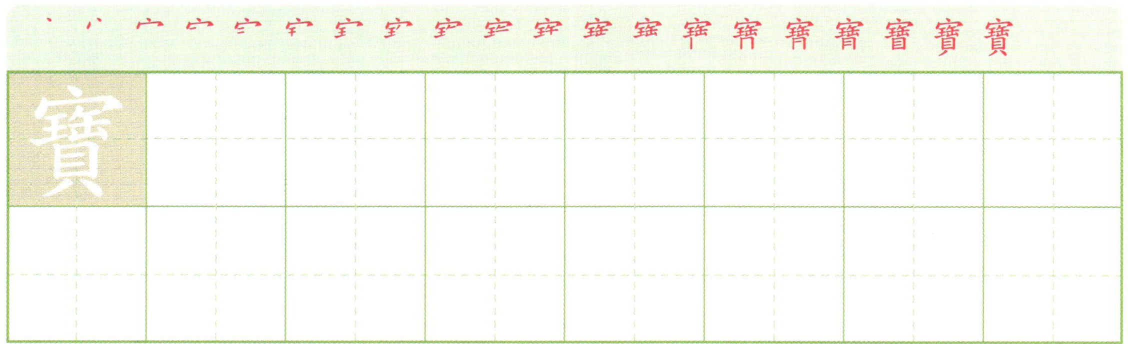

## 步

<sub>훈</sub> 걸음　<sub>음</sub> 보:

걷다, 보(여섯 자)

止(그칠 지)부, ③ 7획

**회의자**
발 지(止 : 오른쪽 발)와 왼쪽 발을 의미하는 '少'. 발을 번갈아 떼어 놓으며 걷는 것으로, '걸음' 을 뜻한다.

- 步道(보도) : 사람이 걸어다니는 길.
- 步調(보조) : 여럿이 줄지어 걸을 때의 걸음걸이, 또는 그 걸음의 속도.
- 步行(보행) : 걸어가는 일. 걷기. 먼 길에 보내는 급한 심부름.

道 길 **도**　調 고를 **조**　行 다닐 **행**, 항렬 **항**

# 副

**훈** 버금　**음** 부:

다음, 둘째, 쪼개다

刂(선칼도방)**부, ⑨ 11획**

**동** 次 버금 **차**

**형성자**　찰 복(畐 : 술항아리)과 칼 도(刂).
술항아리를 칼로 쪼개니, 쪼개진 항아리는 본디
(처음) 것만 못하다는 뜻.

- 副業(부업) : 본업 외에 따로 가지는 직업.
- 副作用(부작용) : 어떤 일에 부차적으로 일어나는 작용.
- 副題(부제) : 책이나 논문 등의 제목에 덧붙이는 제목.

業 업 **업**　作 지을 **작**　用 쓸 **용**　題 제목 **제**

一　一　亓　亓　亓　畐　畐　畐　畐　副　副

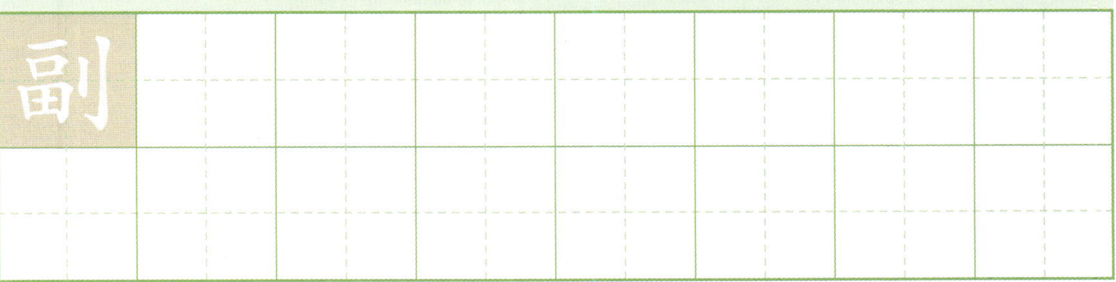

---

# 婦

**훈** 며느리　**음** 부

아내, 지어미

女(계집 녀)**부, ⑧ 11획**

**간** 妇　**반** 夫 지아비 **부**

**회의자**　계집 녀(女)와 비 추(帚).
비를 들고 집안을 청소하는 여자. 집안 일을
맡은 '며느리' 를 뜻한다.

- 婦女子(부녀자) : 부인. '부인과 여자' 라는 뜻으로 여성을 뜻함.
- 夫婦有別(부부유별) : 부부 사이에는 지켜야 할 인륜의 구별이 있음.
- 姑婦(고부) : 시어머니와 며느리.

女 계집 **녀**　子 아들 **자**　有 있을 **유**　別 다룰/나눌 **별**　姑 시어미 **고**

乚　女　女　女　女　女　女　婦　婦　婦　婦

# 富

<훈> 부자　<음> 부:

가멸(재산이 많다), 넉넉하다

宀(갓머리)부, ⑨ 12획

<약> 冨　<반> 貧 가난할 빈　困 곤할 곤

<형성자> 움집 면(宀)과 찰 복(畐 : 술통).
술통에 술이 가득 차듯이, 집안에 재물이 많은
것을 뜻한다.

- 富國強兵(부국강병) : 나라를 부유하게 하고 군대를 강하게 함.
- 富貴在天(부귀재천) : 부귀는 하늘에 매어 있어 인력으로 어쩔 수 없음.
- 富益富(부익부) : 부자일수록 더욱 큰 부자가 됨.

強 강할 강　兵 병사 병　貴 귀할 귀　在 있을 재　天 하늘 천　益 더할 익

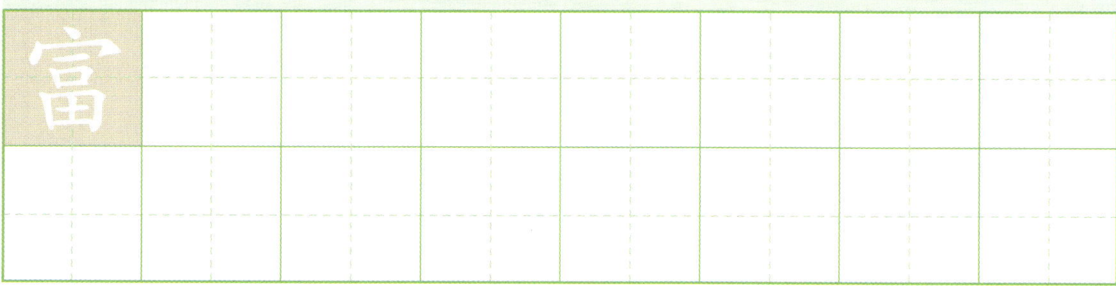


# 府

<훈> 마을/관청　<음> 부(:)

곳집, 고을

广(엄호)부, ⑤ 8획

<동> 里 마을 리　村 마을 촌　署 관청 서

<형성자> 집 엄(广)과 줄 부(付).
일 처리를 해주고 흉년에 곡식을 나누어 주는
'마을, 관청'을 뜻한다.

- 府君(부군) : '돌아가신 아버지, 또는 대대의 할아버지'를 높이어 이르는 말.
- 府院君(부원군) : 조선 때, 왕비의 아버지나 정일품 공신의 작호.
- 政府(정부) : 국가의 통치권을 행사하는 국가 기관.

君 임금 군　院 집 원　政 정사 정

復

훈 회복할　음 복
훈 다시　음 부:
돌이키다, 되풀이하다
彳(두인변)부, ⑨ 12획

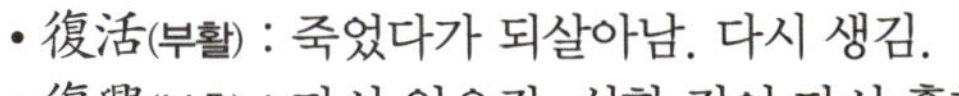

간 复　동 更 다시 갱

형성자 조금 걸을 척(彳)과 돌아갈 복(复).
본래의 길을 되돌아가는 것으로, '다시,
돌이키다' 를 뜻한다.

• 復活(부활) : 죽었다가 되살아남. 다시 생김.
• 復興(부흥) : 다시 일으킴. 쇠한 것이 다시 흥함.
• 光復(광복) : 잃었던 국권을 도로 찾음.

活 살 활　興 일 흥　光 빛 광

丶 ㇀ 彳 彳 彳 彳 彳 彳 彳 彳 復 復

佛

훈 부처　음 불
깨닫다, 프랑스의 약칭
亻(사람인변)부, ⑤ 7획

약 仏

형성자 사람 인(亻·人)과 아닐 불(弗).
도를 깨우쳐 생사를 초월한 '부처' 를 뜻한다.

• 佛家(불가) : 불교를 믿는 사람. 또는 그 사회.
• 佛經(불경) : 불교의 가르침을 적은 경전. 佛典(불전).
• 佛供(불공) : 부처 앞에 공양하는 일.

家 집 가　經 지날/글 경　典 법 전　供 이바지할 공

丿 亻 亻 亻 佀 佛 佛

# 備

훈 갖출　음 비:

구비하다, 대비, 준비

亻(사람인변)부, ⑩ 12획

간 **备**　동 具 갖출 **구**

형성자 사람 인(亻·人)과 갖출 비(葡).
여러 사람(人)이 함께(共) 쓸(用) 것을 마련하는
것을 뜻한다.

- 備蓄(비축) : 만일의 경우를 위해 미리 저축해 둠.
- 備品(비품) : 업무에 필요하여 늘 갖추어 두는 물건.
- 對備(대비) : 무엇에 대응할 준비를 함.

蓄 모을 **축**　品 물건 **품**　對 대할 **대**

丿 亻 亻 亻 佀 佀 偹 偹 偹 備 備 備

# 悲

훈 슬플　음 비:

슬퍼하다, 마음 아파함

心(마음 심)부, ⑧ 12획

반 喜 기쁠 **희**　歡 기쁠 **환**

형성자 아닐 비(非 : 좌우로 갈라지다)와
마음 심(心). 마음이 잡아 찢기어 아파 슬퍼하는
것을 뜻한다.

- 悲歌(비가) : 슬픔을 나타낸 노래. 애조를 띤 노래.
- 悲觀(비관) : 일이 뜻대로 되지 않아 슬퍼하거나 실망함.
- 悲歎(비탄) : 매우 슬퍼하며 탄식함.

歌 노래 **가**　觀 볼 **관**　歎 탄식할 **탄**

丿 刂 扌 ヲ ヺ 非 非 非 非 悲 悲 悲

非



**동** 不 아닐 불·부　否 아닐 부　未 아닐 미

**상형자** 새의 두 날개가 다른 방향으로 움직이는 모양을 본뜬 글자. 파생하여 쓰인다.

**훈** 아닐　**음** 비(:)

거짓, 나쁘다, 허물

非(아닐 비)부, ◎ 8획

- 非難(비난) : 남의 잘못이나 흠을 책잡아 나쁘게 말함.
- 非理(비리) : 도리에 어그러지는 일.
- 非一非再(비일비재) : 어떤 현상이나 사실이 자주 생김.

　難 어려울 **난**　理 다스릴 **리**　一 한 **일**　再 두 **재**

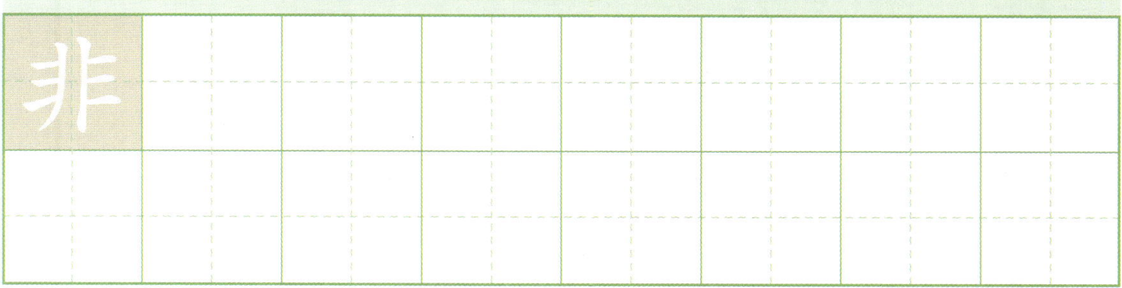

非

---

飛

**간** 飞　**동** 翔 날 상

**상형자** 새가 두 날개를 펴고 하늘 높이 날아오르는 모양을 본떠, '날다'를 뜻한다.

**훈** 날　**음** 비

날리다, 높다, 떠돌다

飛(날 비)부, ◎ 9획

- 飛翔(비상) : 새 등이 하늘을 날아다님.
- 飛躍(비약) : 높이 뛰어오름. 급속히 발전하거나 향상됨.
- 飛行(비행) : 비행기 따위가 하늘을 날아가거나 날아다님.

　翔 날 **상**　躍 뛸 **약**　行 다닐 **행**, 항렬 **항**

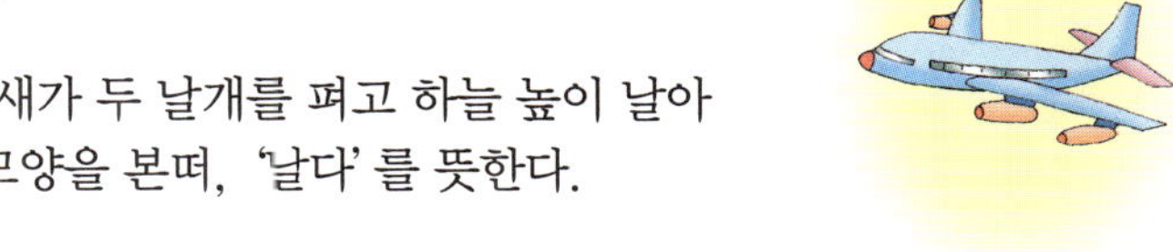

飛

## 貧

**훈** 가난할 **음** 빈

모자라다, 곤궁

貝(조개 패)부, ④ 11획

**간** 贫　**반** 富 부자 **부**　**동** 困 곤할 **곤**

**형성자** 나눌 분(分)과 조개 패(貝).
재물이 나누어지는 것으로, '가난하다' 를
뜻한다.

- 貧困(빈곤) : 살림살이가 어려움. 필요한 것이 없거나 모자람.
- 貧富(빈부) : 가난함과 넉넉함.
- 貧賤(빈천) : 가난하고 사회적 지위가 낮음.

困 곤할 **곤**　富 부자 **부**　賤 천할 **천**

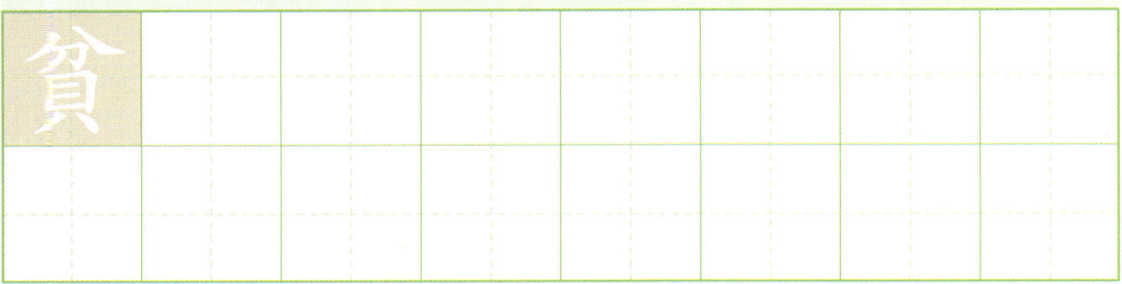

## 師

**훈** 스승　**음** 사

선생, 전문인

巾(수건 건)부, ⑦ 10획

**간약** 师　**반** 弟 아우 **제**

**형성자** 쌓일 퇴(𠂤·堆 : 집단)와 둘릴 잡(帀).
많은 사람들에 둘러싸여 가르치는 것으로,
'스승' 을 뜻한다.

- 師範(사범) : 본받을 만한 모범. 학술이나 무예 등을 가르치는 사람.
- 師弟(사제) : 스승과 제자.
- 教師(교사) : 일정한 자격으로 학생을 가르치는 사람.

範 법 **범**　弟 아우 **제**　教 가르칠 **교**

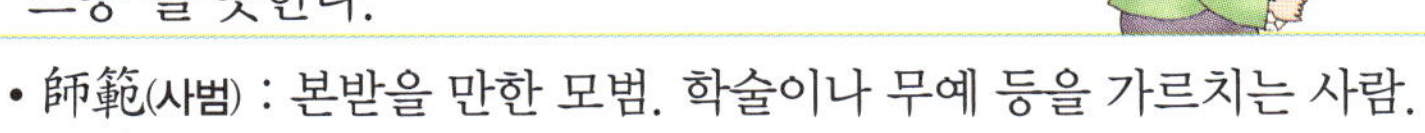

# 寺

<훈> 절 <음> 사

사찰, 마을, 관청(시)

寸(마디 촌)부, ③ 6획

동 刹 절 **찰**

형성자 갈 지(土·之)와 법도 촌(寸).
법도에 맞게 일 처리를 하는 곳으로, '절, 관청'
을 뜻한다.

- 寺門(사문) : 절에 들어가는 문.
- 寺院(사원) : 절이나 암자. 가톨릭의 성당이나 수도원.
- 寺刹(사찰) : 절. 규모가 큰 절.

門 문 **문**　院 집 **원**　刹 절 **찰**

一 十 土 士 寺 寺

# 舍

<훈> 집 <음> 사

거처, 여관, 창고

舌(혀 설)부, ② 8획

동 家 집 **가**　宮 집 **궁**　宅 집 **택**　屋 집 **옥**

형성자 나 여(亼·余)와 입 구(口).
사람이 사는 집 모양, 마음과 몸을 편안하게
해주는 '집'을 뜻한다.

- 舍監(사감) : 기숙사에서 기숙생들의 생활을 감독하는 사람.
- 舍廊(사랑) : 한옥에서, 주로 바깥주인이 거처하는 곳.
- 官舍(관사) : 관리가 살도록 관에서 지은 집. 公舍(공사).

監 볼 **감**　廊 사랑채/행랑 **랑**　官 벼슬 **관**　公 공평할 **공**

ノ 人 스 今 今 舎 舍 舍

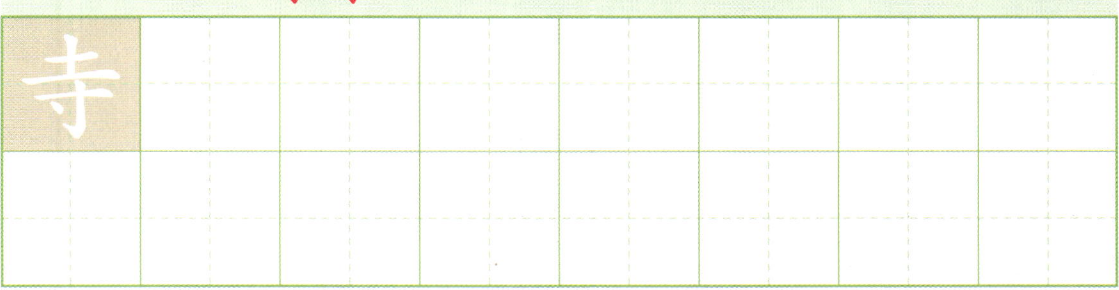

# 謝

**훈** 사례할  **음** 사:

사과하다, 말하다

言(말씀 언)**부**, ⑩ **17획**

**간** 谢

**형성자**  말씀 언(言)과 쏠 사(射).
활을 쏘듯이 분명하게 말하는 것으로,
'사례하다'를 뜻한다.

- 謝過(사과) : 잘못에 대하여 용서를 빎. 謝罪(사죄).
- 謝禮(사례) : 고마운 뜻을 나타내는 말이나 금품.
- 感謝(감사) : 고마움을 느낌. 고마움에 대한 인사.

過 지날 **과**   罪 허물 **죄**   禮 예도 **례**   感 느낄 **감**

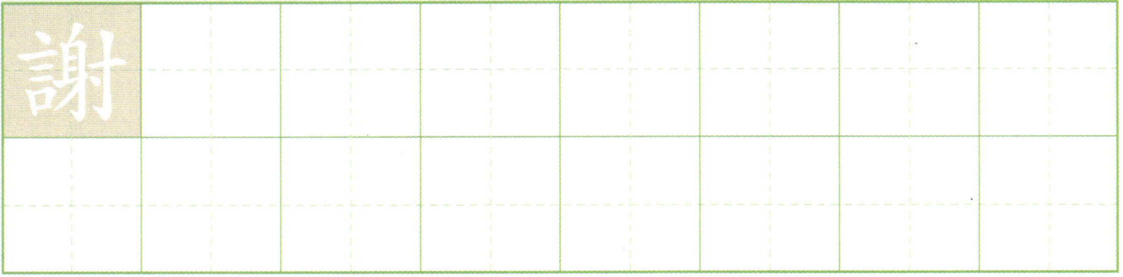

# 殺

**훈** 죽일  **음** 살
**훈** 감할  **음** 쇄:

없애다, 덜다

殳(갖은등글월문)**부**, ⑦ **11획**

**간** 杀   **약** 殺   **반** 活 살 **활**  生 날 **생**

**형성자**  풀벨 예(杀·乂)와 나무 목(木), 칠 수(殳).
풀을 베듯 나무 몽둥이로 후려쳐 죽이는
것을 뜻한다.

- 殺傷(살상) : 사람을 죽이거나 상처를 입힘.
- 殺身成仁(살신성인) : 옳은 일을 위해 자기 몸을 희생함.
- 殺到(쇄도) : 세차게 몰려듦.

傷 다칠 **상**   身 몸 **신**   成 이룰 **성**   仁 어질 **인**   到 이를 **도**

## 常

훈 떳떳할 음 상

늘, 언제나, 항상

巾(수건 건)부, ⑧ 11획

높을 상(尙 · 裳 : 길다)과 수건 건(巾).
긴 천의 뜻이 바뀌어 '항상'을 뜻한다.

- 常綠(상록) : 겨울에도 잎이 떨어지지 않고 사철 언제나 푸름.
- 常習(상습) : (못된 버릇을) 몇 차례고 되풀이하는 일.
- 常識(상식) : 보통 사람으로서 으레 가지고 있을 일반적인 지식이나 판단력.

綠 푸를 록   習 익힐 습   識 알 식, 기록할 지

|  |  |  |  |  |  |  |  |
|---|---|---|---|---|---|---|---|
| 常 |  |  |  |  |  |  |  |
|  |  |  |  |  |  |  |  |

## 床

훈 상 음 상

평상, 소반, 잠자리

广(엄호)부, ④ 7획



집 엄(广)과 나무 목(木).
집안에 놓는 나무 침상을 뜻한다.

- 床石(상석) : 무덤 앞에 제물을 차려 놓기 위하여 마련해 놓은 돌상.
- 病床(병상) : 병자가 눕거나, 또는 누워 있는 침상.
- 冊床(책상) : 책을 읽거나 글씨를 쓰는 데 쓰는 상.

石 돌 석   病 병 병   冊 책 책

|  |  |  |  |  |  |  |
|---|---|---|---|---|---|---|
| 床 |  |  |  |  |  |  |
|  |  |  |  |  |  |  |

想



**형성자** 서로 상(相)과 마음 심(心).
마음에 물건의 형상을 보는 것으로, '생각하다'
를 뜻한다.

**훈** 생각   **음** 상:

상상하다, 바라다

心(마음 심)**부, ⑨ 13획**

- 想念(상념) : 마음속에 떠오르는 생각.
- 想像(상상) : 머릿속으로 그려서 생각함. 空想(공상).
- 感想(감상) : 마음속에 느끼어 일어나는 생각.

念 생각 **념**   像 모양 **상**   空 빌 **공**   感 느낄 **감**

一 十 才 木 村 相 相 相 相 相 想 想 想

---

狀

간약 **狀**   동 形 모양 **형**   態 모습 **태**

**형성자** 조각 장(爿)과 개 견(犬).
널빤지나 대문에 개가 오줌 누는 모양으로,
'형상, 모양'을 뜻한다.

**훈** 형상   **음** 상
**훈** 문서   **음** 장:

형용하다, 모양, 편지

犬(개 견)**부, ④ 8획**

- 狀態(상태) : 처해 있는 형편이나 모양.
- 狀況(상황) : 일이 되어 가는 형편이나 모양.
- 賞狀(상장) : 학업·업적 등을 칭찬하는 뜻을 적어서 상으로 주는 증서.

態 모습 **태**   況 상황 **황**   賞 상줄 **상**

丨 丬 爿 爿 爿 狀 狀 狀

## [제2회] 한자능력검정시험 4급 II 예상 문제

**1. 다음 밑줄 친 漢字語의 讀音을 쓰시오.**(1~35)

1  끊어진 줄을 다시 連結하였다.　　　　　　　　　[　　　　]

2  일기장에는 그가 살아온 일들이 죽 列擧되어 있었다.　[　　　　]

3  그는 올림픽에서 세계 최고의 記錄을 세웠다.　　　[　　　　]

4  앞산에 진달래꽃이 滿發하여 보기가 참 좋다.　　　[　　　　]

5  이 글은 앞뒤 脈絡이 잘 연결되지 않는다.　　　　[　　　　]

6  지난 밤에는 毛骨이 송연할 정도의 무서운 꿈을 꾸었다.　[　　　　]

7  牧童들의 피리 소리가 산을 울린다.　　　　　　　[　　　　]

8  事務에 열중하느라 시간 가는 줄을 몰랐다.　　　　[　　　　]

9  6·25전쟁에서 武功을 세운 전사자들이 잠들어 있는 곳.　[　　　　]

10  우리는 未成年者들이므로 행동을 조심해야 한다.　　[　　　　]

11  무슨 密談을 나누기에 저렇게 소곤거리는 걸까?　　[　　　　]

12  추석 명절에 선생님 댁을 訪問하였다.　　　　　　[　　　　]

13  화재 防止에 우리 모두 힘써야 합니다.　　　　　[　　　　]

14  설날에는 집안 어른들께 歲拜를 합니다.　　　　　[　　　　]

15  흰 눈 덮인 겨울 산을 背景으로 사진을 찍었습니다.　[　　　　]

16  교통 법규를 위반하면 罰金을 내야 합니다.　　　　[　　　　]

17  거리에 선거 후보자들의 壁報가 나붙었다.　　　　[　　　　]

18  그동안의 성과를 報告드리겠습니다.　　　　　　　[　　　　]

19  도서관은 지식의 寶庫입니다.　　　　　　　　　[　　　　]

20 할아버지와 步調를 맞추어 산책을 하였습니다.　　　　[　　　]

21 약의 副作用으로 몸에 두드러기가 날 수 있습니다.　　[　　　]

22 富益富 빈익빈은 우리 사회의 크나큰 병폐입니다.　　[　　　]

23 경제 개발 계획으로 쇠하였던 국력이 復興되었다.　　[　　　]

24 흉년에 대비하여 식량을 備蓄해야 합니다.　　　　[　　　]

25 그의 부도덕한 행동은 非難받아 마땅합니다.　　　[　　　]

26 비행기는 지금 태평양 상공을 飛行하고 있습니다.　　[　　　]

27 소재의 貧困으로 좋은 작품을 쓰지 못합니다.　　　[　　　]

28 할아버지는 舍廊채에서 손님을 맞이합니다.　　　　[　　　]

29 모든 일에 感謝합니다. 고맙습니다.　　　　　　[　　　]

30 광고를 내었더니 주문이 殺到하였습니다.　　　　[　　　]

31 모든 일에 있어 常識에 벗어나는 행동을 하면 안 됩니다.[　　　]

32 오랫동안 病席에 누워 계셨던 할머니께서 일어나셨다.[　　　]

33 봉사 활동을 하고 난 感想이 어떠십니까?　　　　[　　　]

34 철수는 결석을 한 번도 하지 않아 개근 賞狀을 받았습니다.[　　　]

35 봄철에는 味覺을 돋우는 햇나물이 풍성합니다.　　　[　　　]


## 2. 다음 漢字의 訓과 音을 쓰시오. (36~57)

| 例 | 字 → 글자 자 |
|---|---|

36 列 [　　　]　　37 論 [　　　]　　38 滿 [　　　]

39 脈 [　　　]　　40 牧 [　　　]　　41 味 [　　　]

42 密 [　　　]　　43 房 [　　　]　　44 防 [　　　]

45 拜 [          ]          46 背 [          ]          47 配 [          ]

48 壁 [          ]          49 邊 [          ]          50 保 [          ]

51 寶 [          ]          52 步 [          ]          53 復 [          ]

54 佛 [          ]          55 飛 [          ]          56 謝 [          ]

57 常 [          ]


**3. 다음 ( ) 안의 뜻풀이를 참고하여 제시된 漢字語를 漢字로 쓰시오.**(58~67)

58 상황(일이 되어 가는 형편이나 모양) ·················· [          ]

59 사과(잘못에 대하여 용서를 빎) ···················· [          ]

60 교사(일정한 자격으로 학생을 가르치는 사람) ······ [          ]

61 비가(슬픔을 나타낸 노래) ························· [          ]

62 불공(부처 앞에 공양하는 일) ····················· [          ]

63 정부(국가의 통치권을 행사하는 국가 기관) ········· [          ]

64 부녀자(부인. 부인과 여자) ······················· [          ]

65 변방(변경의 방비) ······························· [          ]

66 박애(모든 사람을 차별 없이 두루 사랑함) ·········· [          ]

67 유임(그대로 머물러 일을 맡아봄) ················· [          ]


**4. 다음 문장에서 밑줄 친 漢字語를 漢字로 쓰시오.**(68~77)

68 봄나들이 여행은 열차를 타고 가기로 하였다.          [          ]

69 선생님의 피아노 반주에 맞추어 우리는 율동을 하였다. [          ]

70 말과 소, 양 등을 기르는 것을 목축이라고 합니다.      [          ]

71 여러분이 있어 우리 사회의 미래는 밝고 희망찹니다.　[　　　　]

72 할아버지가 거처하는 문간방에는 손님들로 넘쳐난다.　[　　　　]

73 오늘 배달된 우편물에 주소가 잘못 적혀 있었다.　[　　　　]

74 우리는 추석에 앞서 조상님의 산소를 벌초하고 왔다.　[　　　　]

75 예수님의 부활로 교회는 더욱 빛이 났다.　[　　　　]

76 나의 책상은 정돈이 되어 있지 않아 항상 지저분하다.　[　　　　]

77 나는 가끔 새가 되어 하늘을 나는 상상을 한다.　[　　　　]


5. 다음 (　) 안에 알맞은 漢字를 써서 四字成語를 완성하시오.(78~82)

78 (　　　)身成仁 : 옳은 일을 위해 자기 몸을 희생함.

79 (　　)一(　　　)再 : 어떤 현상이나 사실이 자주 생김.

80 富(　　)强兵 : 나라를 부유하게 하고 군대를 강하게 함.

81 夫(　　)有別 : 부부 사이에는 지켜야 할 인륜의 구별이 있음.

82 信賞必(　　) : 상벌을 규정대로 분명하게 함.


6. 다음 漢字와 뜻이 反對 또는 相對되는 漢字를 [　] 안에 넣어 漢字語를 만드시오.(83~85)

83 賞 [　　　　]　　　84 文 [　　　　]　　　85 貧 [　　　　]


7. 다음 漢字와 뜻이 같거나 비슷한 漢字를 [　] 안에 넣어 漢字語를 만드시오.(86~88)

86 討 [　　　　]　　　87 [　　　　]告　　　88 具 [　　　　]

8. 다음 漢字語와 讀音은 같으나 뜻이 다른 漢字語가 되도록 (    ) 안에 漢字를 쓰시오. (89~91)

89 綠陰 ·············· 錄(      ) : 음향·음성 등을 기계에 기록해 넣는 일.

90 無己 ·············· (      )器 : 전쟁에 쓰이는 온갖 도구.

91 內方 ·············· 來(      ) : 남이 나를 찾아옴.


9. 다음 漢字의 略字를 쓰시오. (92~94)

92 滿 [          ]      93 拜 [          ]      94 佛 [          ]


10. 다음 漢字의 部首를 쓰시오. (95~97)

95 牧 [          ]      96 罰 [          ]      97 報 [          ]


11. 다음 漢字語의 뜻을 쓰시오. (98~100)

98 報道 (                              )

99 保安 (                              )

100 副業 (                              )

#  제3장 修身齊家(수신제가) 編

設城星盛聖聲誠勢稅細

掃笑素俗續送修受守授

收純承施是視試詩息申

深眼暗壓液羊如餘逆演

煙研榮藝誤玉往謠容員

# 設

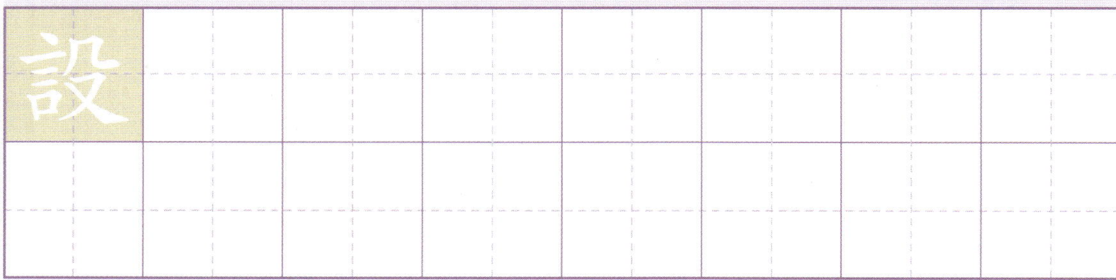

**훈** 베풀   **음** 설

늘어놓다, 진열, 세우다

言(말씀 언)**부**, ④ 11획

㉮ 设   ㉯ 施 베풀 **시**   宣 베풀 **선**

**회의자** 말씀 언(言)과 칠 수(殳 : 망치질).
말과 힘으로 끊임없이 베푸는 것을 뜻한다.

- 設計(설계) : 구체적인 계획을 세움. 또는 그 계획.
- 設立(설립) : 학교·회사 등의 단체나 기관을 새로 세움.
- 設問(설문) : 문제나 질문을 만들어 냄. 또는 그 문제나 질문.

計 셈 **계**   立 설 **립**   問 물을 **문**

` ` ` 言 言 言 言 言 設 設 設

| 設 | | | | | | | |
|---|---|---|---|---|---|---|---|
| | | | | | | | |

# 城

**훈** 재   **음** 성

성, 도읍, 나라

土(흙 토)**부**, ⑦ 10획

**형성자**
흙 토(土)와 이룰 성(成 : 안정하다).
흙을 쌓아올린 담 안에 사람을 안정시키는
'성'을 뜻한다.

- 城樓(성루) : 성문 위에 세운 누각.
- 城池(성지) : 성 둘레에 파 놓은 못.
- 城下之盟(성하지맹) : 성 아래에서 맺는 굴욕적인 강화의 맹약.

樓 다락 **루**   池 못 **지**   下 아래 **하**   之 갈 **지**   盟 맹세 **맹**

一 十 土 圹 圹 圹 城 城 城

| 城 | | | | | | | |
|---|---|---|---|---|---|---|---|
| | | | | | | | |

# 星

**훈** 별 **음** 성

세월, 점치다

日(날 일)부, ⑤ 9획



날 일(日)과 날 생(生).
해가 진 다음에 생기는 별로, 빛나는 '별'을 뜻한다.

- 星宿(성수) : 모든 별자리의 별들. 뭇 별.
- 星火(성화) : 별똥별. 流星(유성). 매우 다급하게 굴거나 조르는 짓.
- 行星(행성) : 태양의 둘레를 공전하는 별.

宿 잘 **숙**, 별자리 **수**   火 불 **화**   流 흐를 **류**   行 다닐 **행**, 항렬 **항**

丨 冂 冂 日 旦 早 早 星 星

---

# 盛

**훈** 성할 **음** 성:

넘치다, 무성하다, 많다

皿(그릇 명)부, ⑦ 12획



이룰 성(成)과 그릇 명(皿).
접시(그릇)에 물건이 넘쳐나는 것으로,
'성하다'를 뜻한다.

- 盛夏炎熱(성하염열) : 한여름의 몹시 심한 더위.
- 盛火(성화) : 활활 타오르는 불길의 센 불.
- 盛況(성황) : 모임이나 행사 등에서 성대하고 활기에 찬 모양.

夏 여름 **하**   炎 불꽃 **염**   熱 더울 **열**   火 불 **화**   況 상황 **황**

丿 厂 厂 厈 成 成 成 成 成 盛 盛 盛 盛

 圣

# 聖

(훈) 성인  (음) 성:
성스럽다, 거룩한 사람

耳(귀 이)부, ⑦ 13획

**형성자** 귀 이(耳)와 드러날 정(呈).
귀를 세워 신의 뜻을 잘 들을 수 있는 '성인'을
뜻한다.

- 聖經(성경) : 각 종교에서, 그 종교의 가르침의 중심이 되는 책. 聖書(성서).
- 聖人(성인) : 지덕이 뛰어나 세인의 모범으로서 숭상받을 만한 사람.
- 聖賢(성현) : 성인과 현인.

經 지날/글 **경**   書 글 **서**   人 사람 **인**   賢 어질 **현**

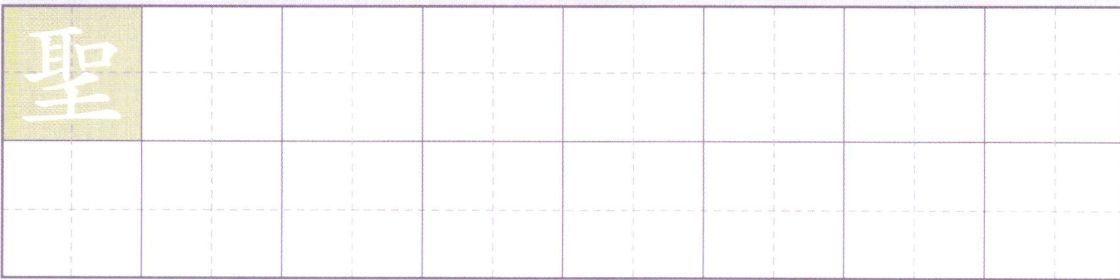

# 聲

(훈) 소리  (음) 성
풍류, 음향, 말, 명예

耳(귀 이)부, ⑪ 17획

(간약) 声  (동) 音 소리 음

**형성자** 높은 음이 나는 경(殸·磬)과 귀 이(耳).
귀에 들리는 높은 음, '소리'를 뜻한다.

- 聲明(성명) : 여러 사람에게 공개하여 발표하는 일.
- 聲援(성원) : 응원이나 원조 등으로 사기나 기운을 북돋아 줌.
- 聲討(성토) : 여러 사람이 모여 어떤 잘못을 비판하고 규탄함.

明 밝을 **명**   援 도울 **원**   討 칠 **토**

# 誠

**훈** 정성　**음** 성

진심, 참된 마음

言(말씀 언)**부**, ⑦ **14획**



**형성자** 말씀 언(言)과 이룰 성(成).
완성되어 안정감이 있는 말, '정성'을 뜻한다.

- 誠金(성금) : 정성으로 내는 돈.
- 誠意(성의) : 정성스러운 마음. 참되고 정성스러운 뜻.
- 精誠(정성) : 온갖 성의를 다하려는 참되고 거짓이 없는 마음.

金 쇠**금**, 성 **김**　意 뜻 **의**　精 정할/깨끗할 **정**

`丶 一 二 三 言 言 言 言 訂 訂 訶 誠 誠 誠`

# 勢

**훈** 형세　**음** 세:

기세, 권세, 무리

力(힘 력)**부**, ⑪ **13획**

간 势　동 權 권세 권

**형성자** 심을 예(埶)와 힘 력(力).
가까이 끌어당겨 심어 놓는 힘, '기세, 형세'를 뜻한다.

- 勢道(세도) : 정치의 권세. 세력을 쓸 수 있는 사회적 지위나 권세.
- 勢力(세력) : 남을 복종시키는 기세와 힘.
- 氣勢(기세) : 기운차게 내뻗는 형세. 또는 그 기운.

道 길 **도**　力 힘 **력**　氣 기운 **기**

`一 十 土 丰 圥 坴 坴 幸 埶 埶 埶 勢 勢`

税

## 税

훈 세금　음 세:

구실, 풀다

禾(벼 화)부, ⑦ 12획



형성자　벼 화(禾)와 기쁠 태(兌 : 빠지다). 수확한 곡식이 빠져 나가는, '세금, 구실'을 뜻한다.

- 稅關(세관) : 나라의 수출입세와 항공, 선박 등을 맡아 보는 관청.
- 稅金(세금) : 국가나 지방 공공 단체가 조세(租稅)로서 징수하는 돈.
- 稅務(세무) : 세금을 매기고 거두어들이는 행정 사무.

關 관계할 관　金 쇠 금, 성 김　租 조세 조　務 힘쓸 무

細

## 細

훈 가늘　음 세:

잘다, 자세하다

糸(실 사)부, ⑤ 11획



형성자　실 사(糸)와 숫구멍 신(囟 · 田의 변형). 어린이 정수리의 숫구멍처럼 미약한 실, '가늘다'를 뜻한다.

- 細工(세공) : 손이 많이 가는 정밀한 수공(手工).
- 細分(세분) : 여럿으로 잘게 나눔. 자세하게 분류함.
- 細心(세심) : 작은 일에도 꼼꼼하여 빈틈이 없음.

工 장인 공　手 손 수　分 나눌 분　心 마음 심

掃

<훈> 쓸　<음> 소(:)

없애다, 제거하다, 청소

扌(재방변)부, ⑧ 11획

<간> 扫

<형성자> 손 수(扌·手)와 비 추(帚).
비를 손에 들고 청소하는 것으로, '쓸다'를
뜻한다.

• 掃滅(소멸) : 싹 쓸어 없앰.
• 掃除(소제) : 쓸고 닦아서 먼지 따위를 없게 함. 淸掃(청소).
• 掃蕩(소탕) : (적이나 해충 등) 휩쓸어 모조리 없애버림.

滅 꺼질/멸할 **멸**　除 덜 **제**　淸 맑을 **청**　蕩 방탕할 **탕**

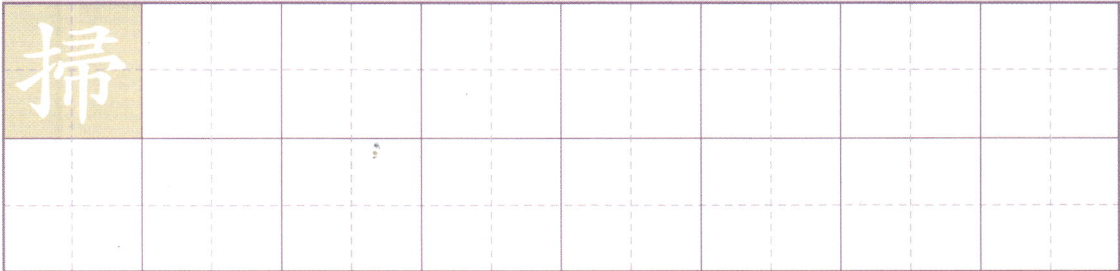

| 掃 | | | | | | | | | |
|---|---|---|---|---|---|---|---|---|---|
| | | | | | | | | | |

笑

<훈> 웃음　<음> 소:

웃다, 꽃이 피다

竹(대 죽)부, ④ 10획

<반> 鳴 울 **명**

<상형자> 머리가 긴 젊은 무당의 모양을
본떠, '웃다'를 뜻한다.

• 笑談(소담) : 우스운 이야기.
• 談笑(담소) : 스스럼없이 웃으며 이야기함.
• 微笑(미소) : 소리없이 킹긋이 웃는 웃음.

談 말씀 **담**　微 작을 **미**

| 笑 | | | | | | | | | |
|---|---|---|---|---|---|---|---|---|---|
| | | | | | | | | | |

## 素



**회의자** 드리울 수(㲦·垂)와 실 사(糸).
누에고치에서 갓 자아낸 원래의 하얀색, '본바탕,
희다'를 뜻한다.

- 素朴(소박) : 꾸밈이 없고 수수하고 순수함.
- 素服(소복) : 흰 옷. 하얀 색의 상복(喪服).
- 素材(소재) : 예술 작품의 재료가 되는 모든 대상.

**훈** 본디/흴   **음** 소(:)

바탕, 질박하다

糸(실 사)부, ④ 10획

朴 성 **박**   服 옷 **복**   喪 잃을 **상**   材 재목 **재**

一 二 𡗗 三 𡗗 𡗗 𡗗 素 素 素

---

## 俗

**형성자**
사람 인(亻·人)과 골짜기 곡(谷).
사람이 한 골짜기에 모여 사는 것으로 같은
'풍속'을 뜻한다.

- 俗談(속담) : 예부터 내려오는 교훈이나 풍자의 짧은 말.
- 俗世(속세) : 일상적인 현실의 세상. 俗界(속계).
- 俗語(속어) : 민간에서 통속적으로 쓰이는 저속한 말.

**훈** 풍속   **음** 속

풍습, 속되다, 속인

亻(사람인변)부, ⑦ 9획

談 말씀 **담**   世 인간 **세**   界 지경 **계**   語 말씀 **어**

丿 亻 亻 亻 俗 俗 俗 俗 俗 俗

## 續

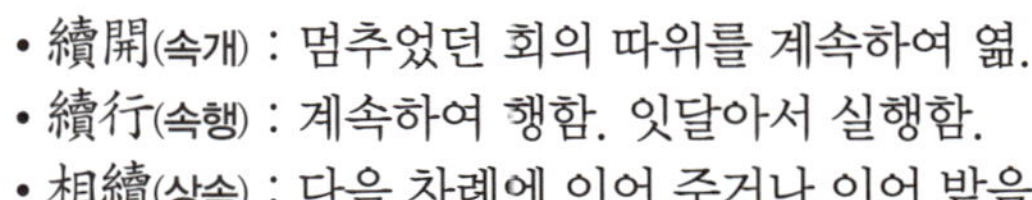

**훈** 이을 **음** 속

뒤를 잇다, 계속, 공적

糸(실 사), ⑮ 21획

**간** 续　**약** 続　**반** 斷 끊을 단

**형성자** 실 사(糸)와 행상할(팔) 매(賣 : 연잇다).
실이 계속하여 '잇다, 이어지다' 를 뜻한다.

- 續開(속개) : 멈추었던 회의 따위를 계속하여 엶.
- 續行(속행) : 계속하여 행함. 잇달아서 실행함.
- 相續(상속) : 다음 차례에 이어 주거나 이어 받음.

開 열 **개**　行 다닐 **행**, 항렬 **항**　相 서로 **상**

## 送

**훈** 보낼 **음** 송:

전송하다, 선물

辶(책받침)부, ⑥ 10획

**간** 送　**반** 迎 맞을 **영**

**회의자** 쉬엄쉬엄 갈 착(辶 · 辵)과 양손을 들어
올린 모양(癶). 물건을 조심스럽게 받쳐 들고
보내는 것을 뜻한다.

- 送舊迎新(송구영신) : 묵은해를 보내고 새해를 맞이함.
- 送達(송달) : 편지 · 서류, 또는 물품을 보냄.
- 送別會(송별회) : 이별의 서운함을 달래기 위한 뜻으로 베푸는 모임.

舊 예 **구**　迎 맞을 **영**　新 새 **신**　達 통달할 **달**　別 다를/나눌 **별**　會 모일 **회**

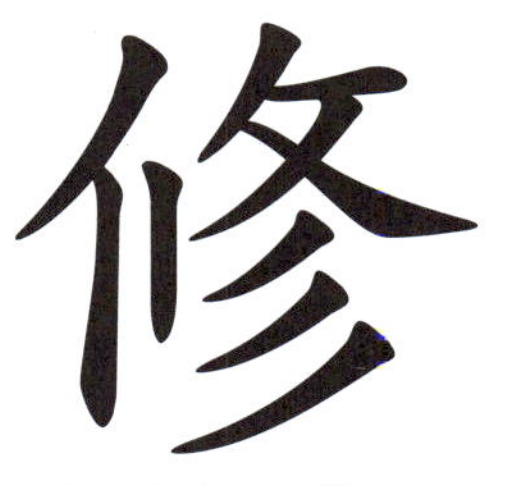

## 修

훈 닦을 음 수

익히다, 다스리다

亻(사람인변)부, ⑧ 10획

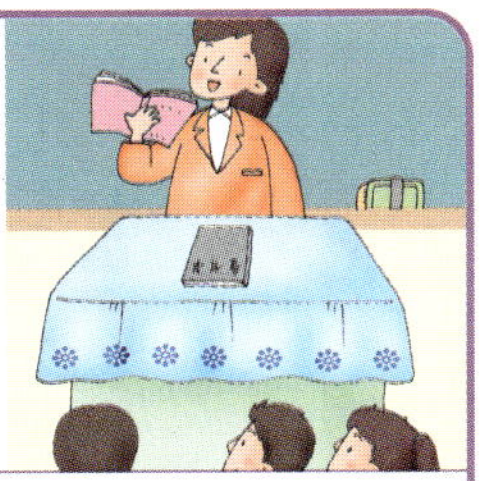

형성자

바 유(攸 : 씻다)와 터럭그릴 삼(彡).
먼지를 털어내고 깨끗하게 하는 것으로,
'닦다, 익히다' 를 뜻한다.

- 修交(수교) : 나라와 나라 사이에 교제를 맺음.
- 修身齊家(수신제가) : 심신을 닦고 집안을 다스리는 일.
- 修養(수양) : 몸과 마음을 닦아 지식과 인격을 높임.

交 사귈 **교** 身 몸 **신** 齊 가지런할 **제** 家 집 **가** 養 기를 **양**

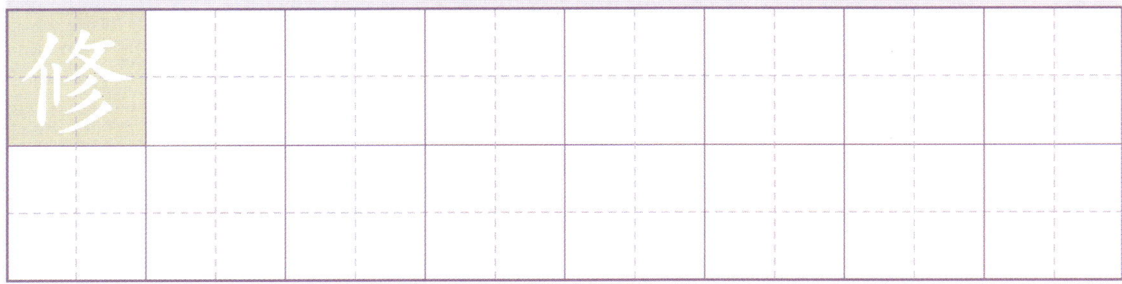

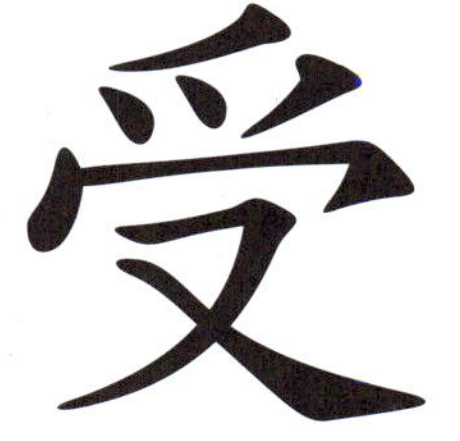

丿 亻 亻 亻' 亻' 亻夂 亻夂 修 修 修

修

## 受

훈 받을 음 수(:)

받아들이다, 당하다

又(또 우)부, ⑥ 8획

반 授 줄 **수** 給 줄 **급**

회의자 손톱 조(爪)와 배 주(冖 · 舟), 또 우(又).
손과 손으로 물건을 주고받는 것을 뜻한다.

- 受講(수강) : 강습을 받거나 강의를 들음.
- 受難(수난) : 재난을 당함. 어려운 일을 당함.
- 受信(수신) : 편지 · 전보 따위의 통신을 받음.

講 욀 **강** 難 어려울 **난** 信 믿을 **신**

⺈ ⺈ ⺈ 爫 爫 爫 受 受

受

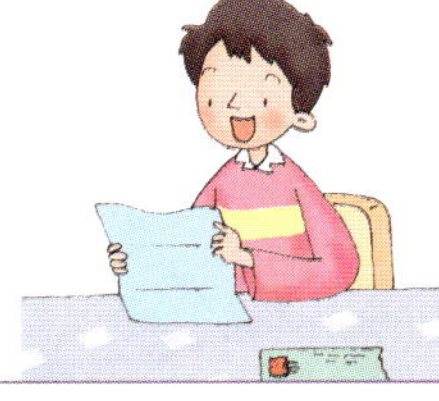

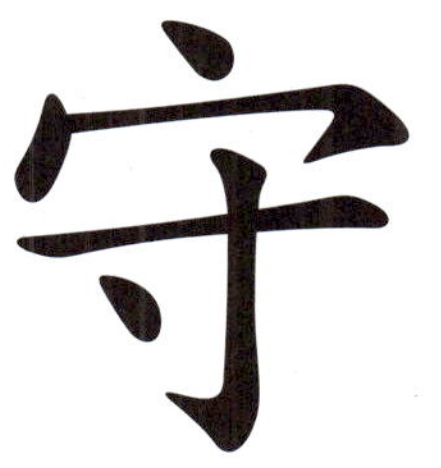

# 守

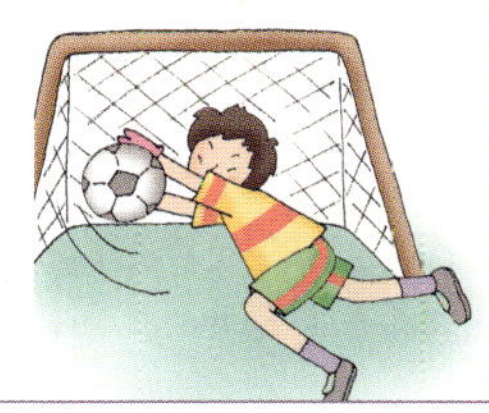

훈 지킬 음 수

막다, 보살피다, 임무

宀(갓머리)부, ③ 6획

형성자
움집 면(宀)과 법도 촌(寸 · 手).
관청의 관리가 법도에 따라 나라를 보살피는 것으로, '지키다' 를 뜻한다.

- 守備(수비) : 적의 침해로부터 지키어 방어함.
- 守節(수절) : 절의와 정절을 지킴.
- 守則(수칙) : 지켜야 할 사항을 정한 규칙.

備 갖출 **비** 節 마디 **절** 則 법칙 **칙**, 곧 **즉**

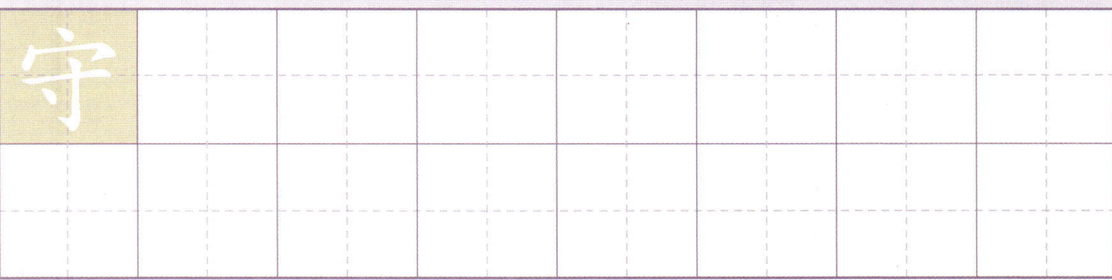

丶 宀 宀 宀 宁 守

守

# 授

훈 줄 음 수

가르치다, 수여하다

扌(재방변)부, ⑧ 11획

반 受 받을 수 동 與 줄 여 給 줄 급

형성자 손 수(扌 · 手)와 받을 수(受).
손으로 건네어 받도록 하는 것으로, '주다, 가르치다' 를 뜻한다.

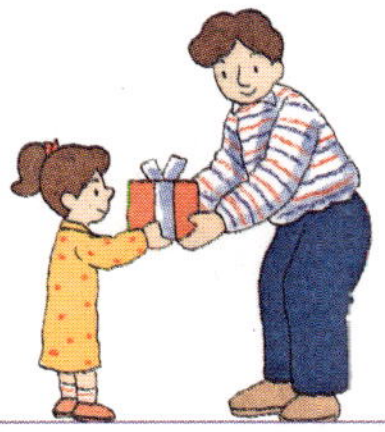

- 授業(수업) : 학교에서 교사가 학생에게 일정한 교과 내용을 가르침.
- 授與(수여) : 증서나 상장 · 훈장 등을 줌.
- 傳授(전수) : 법도나 기술 · 비방 등을 전하여 받음.

業 업 **업** 與 더불/줄 **여** 傳 전할 **전**

一 扌 扌 扌 扌 扌 扌 扌 扌 授 授

授

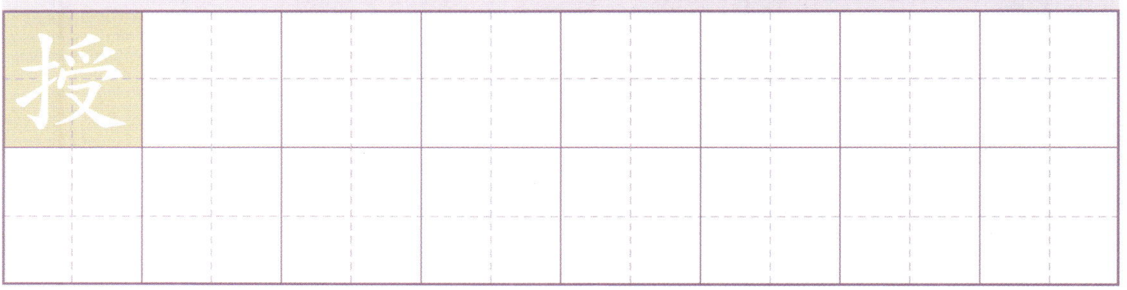

# 收



**형성자** 얽힐 구(丩)와 칠 복(攵·攴).
이삭에 얽힌 것을 쳐서 떨구는 것으로,
'거두다'를 뜻한다.

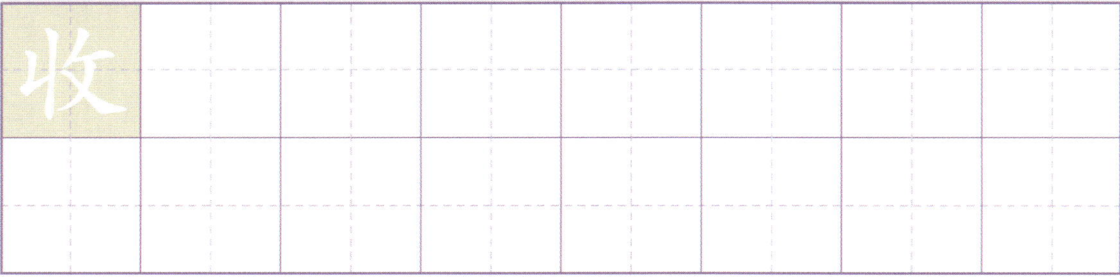

훈 거둘　음 수

받아들이다, 떠맡다

攵(등글월문)부, ② 6획

- 收監(수감) : 죄인을 감옥에 가두어 감금함.
- 收買(수매) : 물건을 거두어 사들임.
- 收入(수입) : 돈이나 물건 등을 벌어들이거나 거두어들이는 일. 반 支出(지출)

監 볼 **감**　買 살 **매**　入 들 **입**　支 지탱할 **지**　出 날 **출**

丿 乚 収 収 收 收

# 純



**형성자** 실 사(糸)와 모을 둔(屯 : 새싹).
실처럼 가늘게 돋아나는 새싹으로, '순수하다'
를 뜻한다.

훈 순수할　음 순

순박하다, 천진하다

糸(실 사)부, ④ 10획

- 純潔(순결) : 더럽힘이 없이 아주 깨끗함.
- 純粹(순수) : 다른 것이 조금도 섞이지 않음.
- 純眞(순진) : 마음이 꾸밈이 없고 참됨.

潔 깨끗할 **결**　粹 순수할 **수**　眞 참 **진**

丿 乡 纟 幺 糸 糸 糽 紂 純 純

# 承

**훈** 이을　**음** 승

받들다, 받아들이다

手(손 수)**부**, ④ 8획

**동** 繼 이을 계　連 이을 련　續 이을 속

**회의자**　줄 승(丞)과 손 수(手).
임금의 명을 떠받들고 있는 것으로,
'잇다, 받들다' 를 뜻한다.

・承繼(승계) : 뒤를 이음. 남의 권리나 의무를 이어받음.
・承諾(승낙) : 청하는 바를 들어줌. 응낙. 수락.
・承認(승인) : 옳다고 인정하여 승낙함. 어떤 일을 허락함.

繼 이을 **계**　諾 허락할 **낙**　認 알 **인**

〝 了 了 쿠 手 承 承 承

# 施

**훈** 베풀　**음** 시:

주다, 쓰다, 옮기다

方(모 방)**부**, ⑤ 9획

**동** 設 베풀 설　宣 베풀 선　張 베풀 장

**형성자**　깃발 언(㫃)과 이끼 야(也 : 뱀).
펄럭이는 깃발, 군대가 길게 진치는 것으로,
'베풀다' 를 뜻한다.

・施工(시공) : 공사를 착수하여 시행함.
・施賞(시상) : 상장이나 상품 또는 상금을 줌.
・施行(시행) : 실제로 베풀어 행함. 법률을 실제로 적용함.

工 장인 **공**　賞 상줄 **상**　行 다닐 **행**, 항렬 **항**

〝 亠 宁 方 方 扩 扩 施 施 施

<table>
<tr><td>

# 是

훈 이/옳을 음 시:

바름, 여기, 규칙

日(날 일)**부**, ⑤ 9획

</td><td>

**반** 非 아닐 비

**회의자** 날 일(日)과 바를 정(疋 · 正).
옳고 바른 해를 뜻하나 가차하여 쓰인다.

- 是非(시비) : 옳고 그름. 잘잘못. 옳고 그름을 따짐.
- 是認(시인) : 어떤 사실에 옳다고, 또는 그러하다고 인정함.
- 是正(시정) : 그릇된 것을 바로잡음. 잘못된 것을 고침.

非 아닐 **비**   認 알 **인**   正 바를 **정**

</td></tr>
</table>

ㅣ 冂 曰 日 旦 旦 早 昰 昰 是

| 是 | | | | | | | |
|---|---|---|---|---|---|---|---|
| | | | | | | | |

<table>
<tr><td>

# 視

훈 볼 음 시:

살피다, 돌보다

見(볼 견)**부**, ⑤ 12획

</td><td>

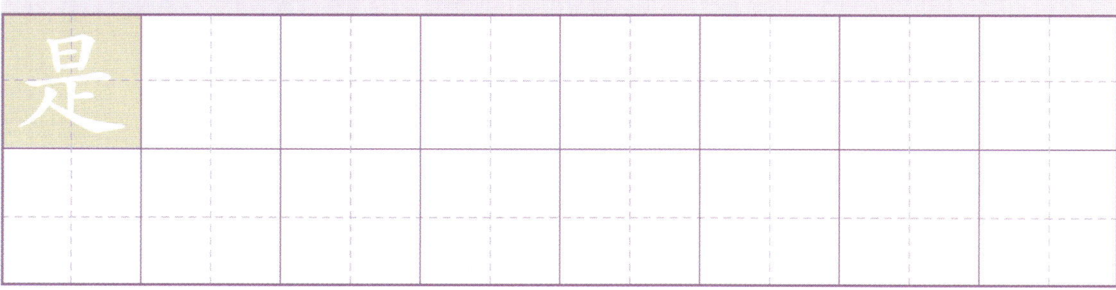

**간** 視   **반** 聞 들을 문   聽 들을 청

**형성자** 보일 시(示 : 가리키다)와 볼 견(見).
사물을 손가락으로 가리켜 보는 것을 뜻한다.

- 視覺(시각) : 오감의 하나. 물체의 현상이 비치어 일어나는 감각.
- 視察(시찰) : 돌아다니며 실지 사정을 살펴봄.
- 視聽覺(시청각) : '시각'과 '청각'을 아울러 이르는 말.

覺 깨달을 **각**   察 살필 **찰**   聽 들을 **청**

</td></tr>
</table>

一 二 千 亍 禾 矛 初 視 視 視 視 視

| 視 | | | | | | | |
|---|---|---|---|---|---|---|---|
| | | | | | | | |

# 試

**훈** 시험  **음** 시(:)

해보다, 맛보다

言(말씀 언)부, ⑥ 13획

**간** 试  **동** 驗 시험 험

**형성자** 말씀 언(言)과 법 식(式 : 규칙).
규칙에 따라 말로 시험하는 것을 뜻한다.

- 試圖(시도) : 무엇을 시험삼아 꾀하여 봄. 마음속의 계획.
- 試合(시합) : 경기나 기술 따위의 실력을 서로 겨룸.
- 試驗(시험) : 일정한 절차에 따라 능력 따위를 알아봄.

圖 그림 **도**   合 합할 **합**   驗 시험 **험**

`丶 二 三 言 言 言 言 言 訃 試 試`

| 試 | | | | | | | |
|---|---|---|---|---|---|---|---|
| | | | | | | | |

---

# 詩

**훈** 시  **음** 시

시경(詩經), 글귀

言(말씀 언)부, ⑥ 13획

**간** 诗

**형성자** 말씀 언(言)과 관청 시(寺).
일정한 형식에 따라 말로 나타낸 것으로,
'시' 를 뜻한다.

- 詩句(시구) : 시의 구절. 시의 한 부분.
- 詩論(시론) : 시의 본질이나 양식에 관한 이론.
- 詩畵(시화) : 시와 그림. 시가 적혀 있는 그림.

句 글귀 **구**   論 논할 **론**   畵 그림 **화**, 그을 **획**

`丶 二 三 言 言 言 言 計 詩 詩 詩`

| 詩 | | | | | | | |
|---|---|---|---|---|---|---|---|
| | | | | | | | |

동 休 쉴 휴  憩 쉴 게

회의자 코 비(自 · 鼻)와 마음 심(心).
코로 마음의 숨을 쉬는 것으로, '숨쉬다, 쉬다'
를 뜻한다.

- 消息(소식) : 안부나 어떤 사실에 대한 기별이나 편지 따위.
- 安息(안식) : 몸과 마음을 편히 쉼.
- 休息(휴식) : 하던 일을 멈추고 쉼.

消 사라질 소  安 편안 안  休 쉴 휴

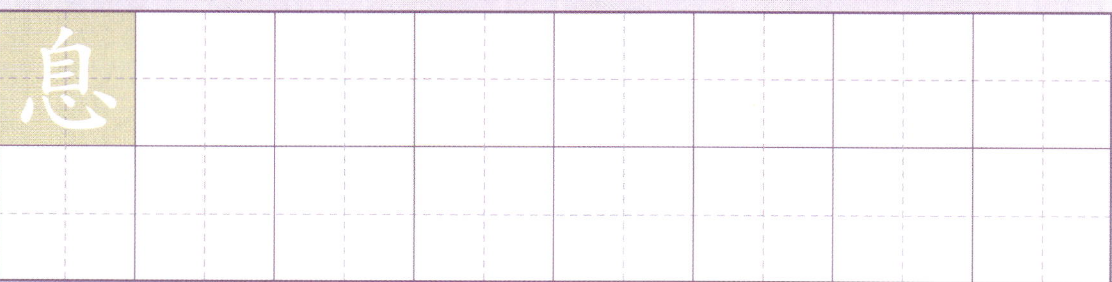



申
훈 납  음 신
아홉째 지지, 알리다
田(밭 전)부, ⓪ 5획

상형자
공중에서 떨어지는 번개의 모양을 본뜬 글자로,
'펴지다' 를 뜻하고 가차하여 쓰인다.

*납은 원숭이의 옛말.

- 申告(신고) : 국민이 의무적으로 행정 관청에 일정한 사실을 보고하는 일.
- 申申付託(신신부탁) : 여러 번 되풀이하여 간곡히 하는 부탁.
- 申請(신청) : 어떤 일을 해주거나 어떤 물건을 내줄 것을 청구하는 일.

告 고할 고  付 부칠 부  託 부탁할 탁  請 청할 청

# 深



물 수(氵·水)와 깊을 심(罙).
罙(심)은 태내에서 아기를 더듬어 꺼내는 모양.
물이 안쪽으로 깊은 것을 뜻한다.

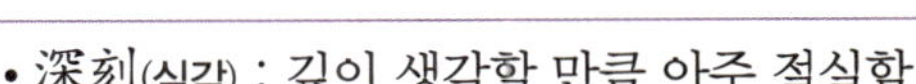

**(훈)** 깊을 **(음)** 심

깊이, 심히, 짙다

氵(삼수변)**부**, ⑧ 11획

- 深刻(심각) : 깊이 생각할 만큼 아주 절실함.
- 深思熟考(심사숙고) : 깊이 생각함. 또는 그 생각.
- 深山幽谷(심산유곡) : 깊은 산속의 으슥한 골짜기.

刻 새길 **각**　思 생각 **사**　熟 익을 **숙**　考 생각할 **고**　幽 그윽할 **유**　谷 골 **곡**

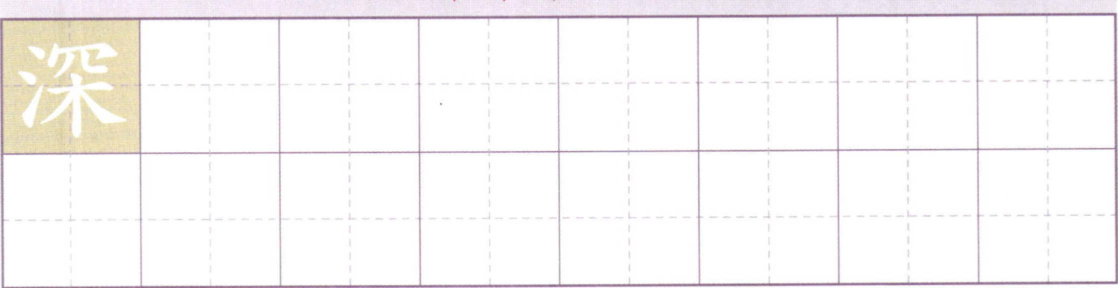

# 眼

**(동)** 目 눈 목

 눈 목(目)과 그칠 간(艮).
눈동자로 사물을 보는 것으로, '눈, 안구'를
뜻한다.

**(훈)** 눈 **(음)** 안:

안구, 요점, 보다

目(눈 목)**부**, ⑥ 11획

- 眼鏡(안경) : 눈을 보호하거나 시력을 돕기 위해 쓰는 기구.
- 眼目(안목) : 사물을 보아서 분별할 수 있는 능력.
- 眼中(안중) : 눈 속. 관심을 가지는 범위의 안.

鏡 거울 **경**　目 눈 **목**　中 가운데 **중**

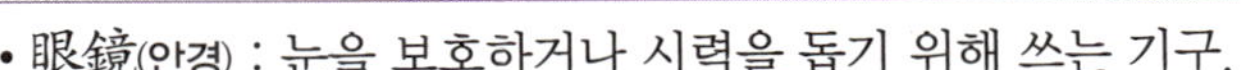

<table>
<tr><td>

# 暗

**훈** 어두울 **음** 암:

어리석다, 밤, 외다

日(날 일)부, ⑨ 13획

</td><td>

**반** 明 밝을 **명**

**형성자** 날 일(日)과 소리 음(音 : 흐리다). 해가 지자 소리만 들릴 정도인 것으로, '어둡다'를 뜻한다.

• 暗記(암기) : 쓴 것을 보지 않고서도 기억할 수 있도록 외움.
• 暗中摸索(암중모색) : 어둠 속에서 손으로 더듬어 물건을 찾음.
• 暗黑(암흑) : 주위 일대가 어둡고 캄캄함. 불안하고 비참한 상태.

記 기록할 **기**　摸 더듬을 **모**　索 찾을 **색**, 노 **삭**　黑 검을 **흑**

</td></tr>
</table>

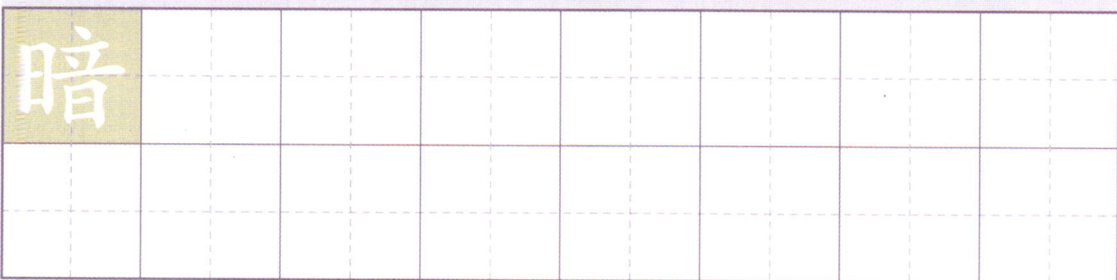



| 暗 | | | | | | | |
|---|---|---|---|---|---|---|---|
| | | | | | | | |

<table>
<tr><td>

# 壓

**훈** 누를 **음** 압

제지하다, 윽박지르다

土(흙 토)부, ⑭ 17획

</td><td>

**간** 压 **약** 圧

**형성자** 누를 엽(厭)과 흙 토(土). 땅이 꺼지도록 누른다는 것으로, '누르다'를 뜻한다.

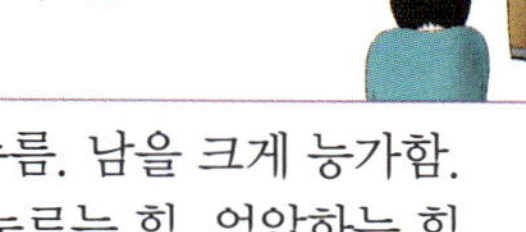

• 壓倒(압도) : 월등한 힘으로 상대편을 누름. 남을 크게 능가함.
• 壓力(압력) : 어떤 물체가 다른 물체를 누르는 힘. 억압하는 힘.
• 壓迫(압박) : 내리누름. 심리적·정신적으로 상대편에게 겁을 줌.

倒 넘어질 **도**　力 힘 **력**　迫 핍박할 **박**

</td></tr>
</table>



| 壓 | | | | | | |
|---|---|---|---|---|---|---|
| | | | | | | |

훈 진 음 액

즙, 즙액, 진액

氵(삼수변)부, ⑧ 11획

동 汁 즙 즙

형성자 물 수(氵·水)와 이어질 야(夜).
실을 당기듯이 이어지는 물, '진, 즙'을 뜻한다.

• 液汁(액즙) : 과일 등의 물체에서 배어 나오거나 짜낸 액체.
• 液體(액체) : 일정한 부피는 있으나 모양 없이 유동하는 물질.
• 液化(액화) : 기체 또는 고체가 액체로 변함.

汁 즙 즙　體 몸 체　化 될 화

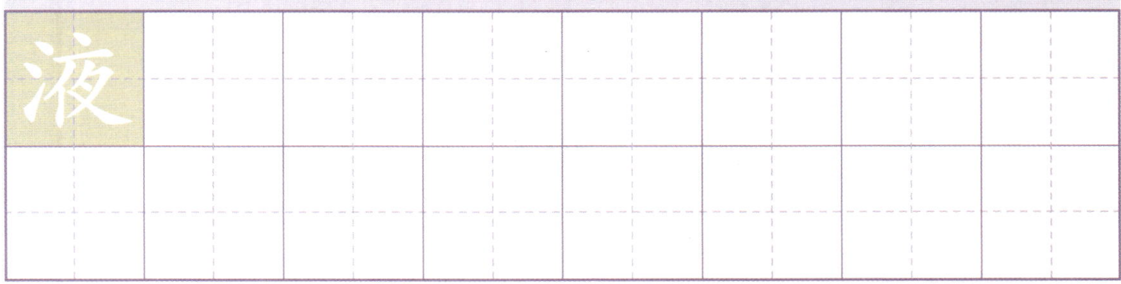

훈 양 음 양

상서롭다

羊(양 양)부, ⓪ 6획

상형자
뿔이 난 '양'의 모양을 본뜬 글자.

• 羊頭狗肉(양두구육) : '양의 머리를 내걸어 놓고 실제로는 개고기를 판
다'는 뜻으로, 겉은 버젓하지만 내실이 따르지 못함을 비유.
• 羊腸(양장) : 양의 창자. 산길 따위가 양의 창자처럼 꼬불꼬불함.

頭 머리 두　拘 잡을 구　肉 고기 육　腸 창자 장

|  |

**동** 他 다를 **타**　異 다를 **이**　**동** 若 같을 **약**

**형성자**　계집 녀(女)와 입 구(口).
여자는 남편의 말과 뜻에 따르는 것으로,
'같다, 따르다'를 뜻한다.

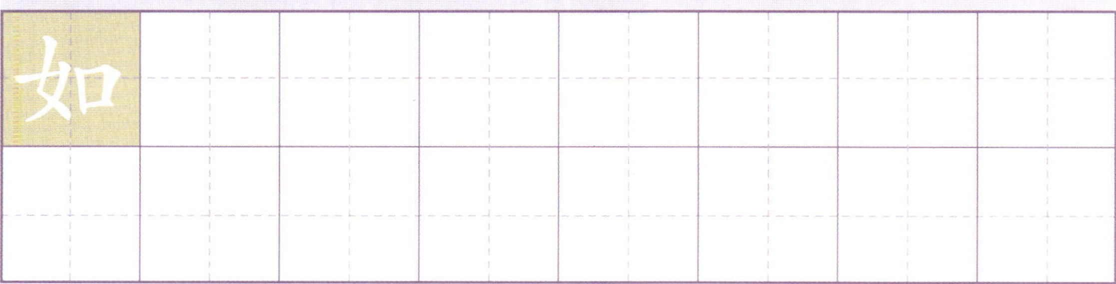

- 如流(여류) : 세월의 빠름이 흐르는 물과 같음.
- 如意珠(여의주) : 불교에서, 모든 소원을 이루어 준다는 신기한 구슬.
- 如何間(여하간) : 어떠하든 간에.

流 흐를 **류**　意 뜻 **의**　珠 구슬 **주**　何 어찌 **하**　間 사이 **간**

**如**

**훈** 같을　**음** 여

따르다, 좇다

女(계집 녀)**부**, ③ 6획

丿 夊 女 如 如 如

---

**간** 餘　**약** 余　**동** 殘 남을 **잔**

**형성자**　밥 식(𩙿·食)과 나머지 여(余 : 펴지다).
음식이 먹고 남을 정도의 풍족한 것으로,
'남다, 넉넉하다'를 뜻한다.

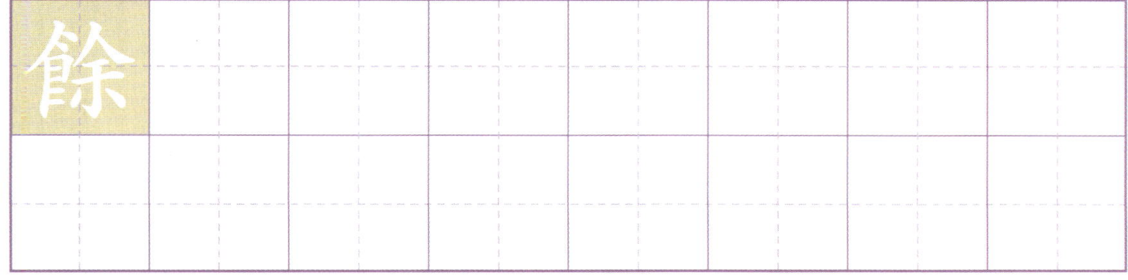

- 餘暇(여가) : 일 가운데 잠시 생기는 시간. 겨를 . 틈.
- 餘談(여담) : 딴 이야기. 용건 이외의 이야기. 잡담.
- 餘白(여백) : 글씨를 쓰고 남은 빈 자리. 空白(공백).

暇 틈/겨를 **가**　談 말씀 **담**　白 흰 **백**　空 빌 **공**

**餘**

**훈** 남을　**음** 여

넉넉하다, 나머지, 여분

食(밥 식)**부**, ⑦ 16획

丿 𠂉 𠂊 𠂆 𠂇 今 今 㑒 㑒 㑒 㑒 㑒 㑒 餘 餘 餘

**逆**

訓 거스를　音 역

거절, 배반하다, 반역

辶(책받침)부, ⑥ 10획

간 逆　반 順 순할 순

형성자　거스를 역(屰)과 쉬엄쉬엄 갈 착(辶·辵).
서로 반대되는 곳으로 가는 것을 뜻한다.

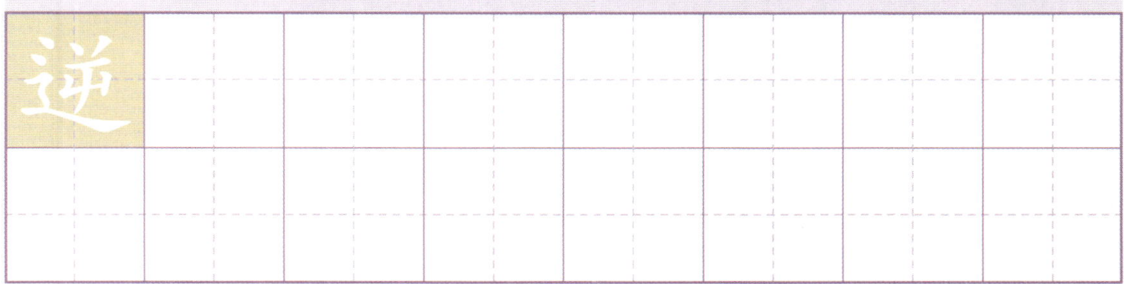

- 逆境(역경) : 일이 뜻대로 되지 않는 불운한 처지.
- 逆心(역심) : 반역을 꾀하는 마음.
- 逆行(역행) : 보통의 방향과는 반대 방향으로 나아감.

境 지경 **경**　心 마음 **심**　行 다닐 **행**, 항렬 **항**

`丶 丷 ヽ ン 屰 屰 逆 逆 逆 逆`

逆

---

**演**

訓 펼　音 연:

넓다, 익히다

氵(삼수변)부, ⑪ 14획

동 展 펼 전

형성자　물 수(氵·水)와 동방 인(寅 : 당기다).
물이 멀리 흘러가듯이 사물을 잡아 늘리는
것으로, '펴다' 를 뜻한다.

- 演技(연기) : 배우가 연출해 보이는 말이나 동작.
- 演說(연설) : 여러 사람 앞에서 자기의 의견이나 주장·사상 등을 말함.
- 演出家(연출가) : 연극·영화·방송극 등을 연출하는 사람.

技 재주 **기**　說 말씀 **설**, 달랠 **세**　出 날 **출**　家 집 **가**

`丶 丷 氵 氵 氵 沪 沪 沪 浐 浐 演 演 演 演`

演

# 煙

**훈** 연기　**음** 연

그을음, 안개, 담배

火(불 화)부, ⑨ 13획



불 화(火)와 아궁이 인(垔 : 피어 오르다).
아궁이에서 피어 오르는 '연기, 그을음' 을
뜻한다.

- 煙氣(연기) : 물건이 탈 때 생기는 흐릿한 기체.
- 煙幕(연막) : 적의 눈을 피하기 위해 공중이나 지상에 피우는 연기.
- 禁煙(금연) : 담배 피우는 것을 금함. 담배를 끊음.

氣 기운 **기**　幕 장막 **막**　禁 금할 **금**

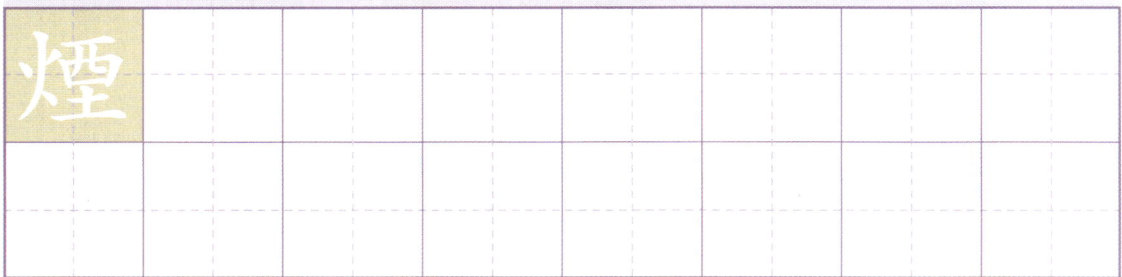

# 研

**훈** 갈　**음** 연:

연구하다, 연마, 벼루

石(돌 석)부, ⑥ 11획

**간약** 研　**동** 究 연구할 **구**

돌 석(石)과 평평할 견(幵).
돌을 깎아서 가는 것으로,  '갈다, 연마하다' 를
뜻한다.

- 研究(연구) : 사물을 자세히 조사하여 그 이치나 사실을 밝혀냄.
- 研磨(연마) : 금속 · 보석 · 유리 · 돌 등을 갈고 닦아서 반질반질하게 함.
- 研修(연수) : 그 분야에 필요한 지식이나 기능을 익히기 위해 공부를 함.

究 연구할 **구**　磨 갈 **마**　修 닦을 **수**

# 榮

**훈** 영화  **음** 영

영화롭다, 꽃, 성하다

木(나무 목)부, ⑩ 14획

간 **荣**  약 **栄**

**상형자** 세차게 불타 오르는 화톳불 모양에서, '영화, 영화롭다' 를 뜻한다.

- 榮光(영광) : 영예로운 현상, 곧 빛나는 명예.
- 榮華(영화) : 권력과 부귀를 마음껏 누리는 일.
- 繁榮(번영) : 일이 성하게 되어 영화로움.

光 빛 **광**  華 빛날 **화**  繁 번성할 **번**

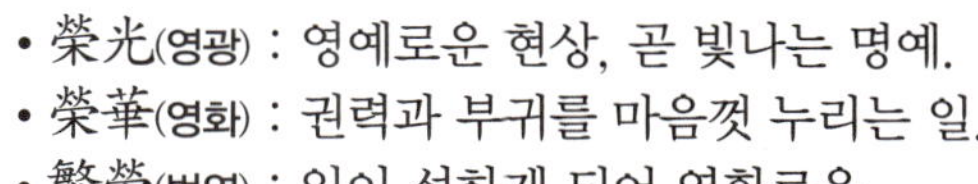



| 榮 | | | | | | | |
|---|---|---|---|---|---|---|---|
| | | | | | | | |

# 藝

**훈** 재주  **음** 예

기예, 학문, 글, 심다

⺿ (초두머리)부, ⑮ 19획

간 **艺**  약 **芸**  동 **技** 재주 **기**  **才** 재주 **재**

**형성자** 풀 초(⺿ · 艸)와 심을 예(埶). 초목을 심어 가꾸는 것으로, '재주, 기술' 을 뜻한다.

- 藝能(예능) : 재주와 기능. 연극 · 영화 · 미술 등의 총칭.
- 藝術(예술) : 아름다움을 창조하고 표현하는 활동.
- 演藝(연예) : 대중적인 연극 · 노래 · 춤 · 희극 · 마술 · 만담 등의 예능.

能 능할 **능**  術 재주 **술**  演 펼 **연**

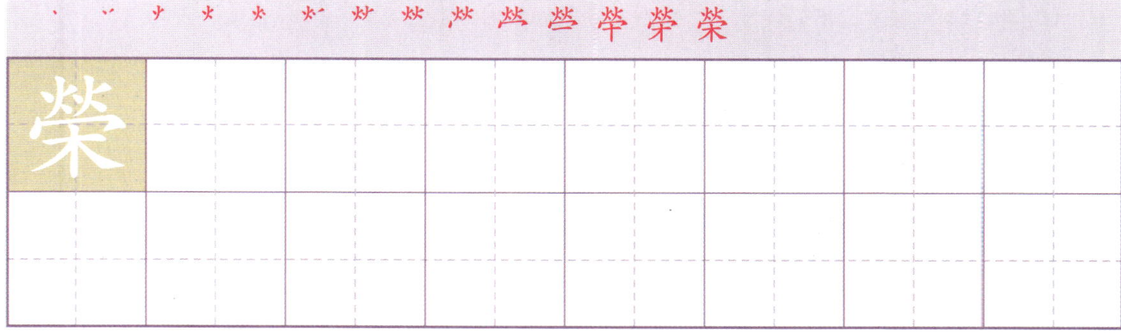

| 藝 | | | | | | | |
|---|---|---|---|---|---|---|---|
| | | | | | | | |

誤

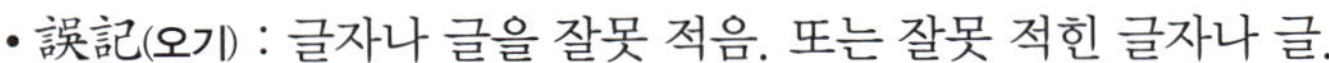

간 误　반 正 바를 정

형성자 말씀 언(言)과 화려할 오(吳).
말로 화려하게 미혹시키는 것으로, '그르치다'
를 뜻한다.

- 誤記(오기) : 글자나 글을 잘못 적음. 또는 잘못 적힌 글자나 글.
- 誤謬(오류) : 생각이나 지식 등의 그릇된 일. 그릇되어 이치에 어긋남.
- 誤解(오해) : 잘못 인식하여 해석함.

記 기록할 기　謬 그르칠 류　解 풀 해

훈 그르칠　음 오:

잘못, 틀리다

言(말씀 언)부, ⑦ 14획

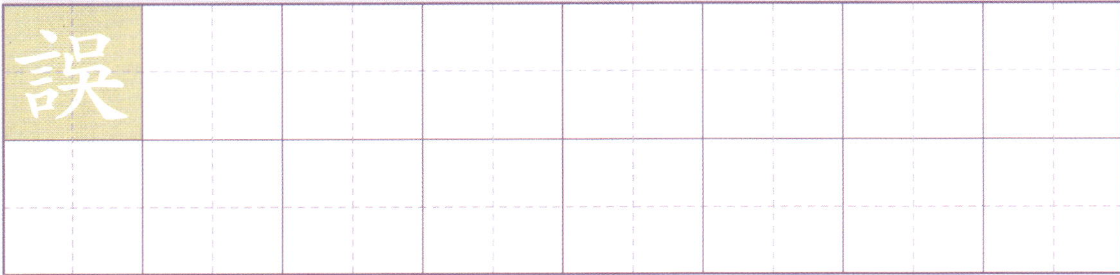

---

玉

동 珠 구슬 주

상형자 세 개의 옥. 구슬 세 개를 끈으로 꿴
모양을 본뜬 글자. 임금 왕(王)과 구별하기
위하여 점 주(丶)를 첨가하였다.

- 玉童子(옥동자) : 옥같이 귀한 아들. 남의 어린 아들을 추어서 이르는 말.
- 玉石(옥석) : 옥과 돌. 좋은 것과 나쁜 것.
- 珠玉(주옥) : 구슬과 옥. '여럿 가운데서 가장 아름답고 귀한 것'을 비유.

童 아이 동　子 아들 자　石 돌 석　珠 구슬 주

훈 구슬　음 옥

아름다운 돌, 아름답다

玉(그슬 옥)부, ⓪ 5획

# 往

**훈** 갈 **음** 왕:

옛적, 보내다, 향하다

彳(두인변)**부**, ⑤ 8획

**반** 來 올 래　**동** 去 갈 거

**형성자**　조금 걸을 척(彳)과 임금 왕(主·王 : 임금의 명이 널리 퍼짐). 크게 간다는 것을 뜻한다.

- 往來(왕래) : 가고 오고 함. (편지나 소식을) 주고받음.
- 往復(왕복) : 어떤 곳을 갔다가 돌아옴.
- 極樂往生(극락왕생) : 죽어서 극락 세계에 가서 다시 태어남.

復 회복할 **복**, 다시 **부**　極 다할/극진할 **극**　樂 즐길 **락**, 노래 **악**, 좋아할 **요**

往

# 謠

**훈** 노래 **음** 요

노래하다, 소문

言(말씀 언)**부**, ⑩ 17획

**간** 谣　**약** 謡　**동** 歌 노래 가

**형성자**　말씀 언(言)과 질그릇 요(䍃). 말에 가락을 넣어 질그릇을 두들기며 부르는 '노래'를 뜻한다.

- 歌謠(가요) : 민요·동요·속요·유행가 등을 통틀어 이르는 말.
- 童謠(동요) : 어린이의 정서를 표현한 노래. 아이들이 즐겨 부르는 노래.
- 民謠(민요) : 민간의 감정 등을 전해 오는 노래.

歌 노래 **가**　童 아이 **동**　民 백성 **민**

謠

容



**훈** 얼굴　**음** 용

모양, 모습, 몸가짐

宀(갓머리)**부**, ⑦ 10획

**형성자** 움집 면(宀)과 골 곡(谷 : 입).
많은 것을 넣을 수 있는 골짜기 집으로,
'얼굴, 몸가짐'을 뜻한다.

- 容器(**용기**) : 물건을 담거나 넣을 수 있는 그릇.
- 容量(**용량**) : 일정한 용기 안에 담는 분량. 저장할 수 있는 양.
- 容認(**용인**) : 너그럽게 받아들여 인정함.

器 그릇 **기**　量 헤아릴 **량**　認 알 **인**

`ヽ ﾉ 宀 宀 宀 宀 穴 突 容 容`

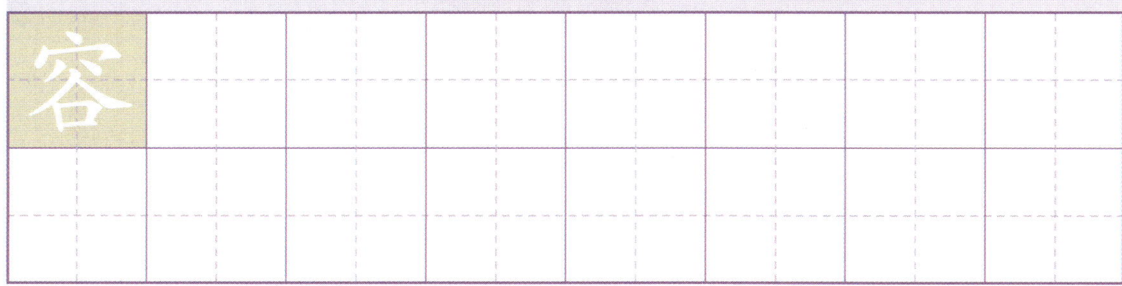

員



**훈** 인원　**음** 원

관원, 수효, 동그라미

口(입 구)**부**, ⑦ 10획

**회의자** 입 구(口)와 조개 패(貝).
돈을 관리하는 사람, 곧 관원을 뜻하다가
널리 '사람, 인원'을 뜻한다.

- 員數(**원수**) : 사람의 수효.
- 社員(**사원**) : 회사에 근무하는 사람. 회사원.
- 人員(**인원**) : 사람의 수. 어떤 모임이나 단체를 이루는 사람.

數 셈 **수**　社 모일 **사**　人 사람 **인**

`ヽ 口 口 口 尸 貝 昌 昌 員 員`

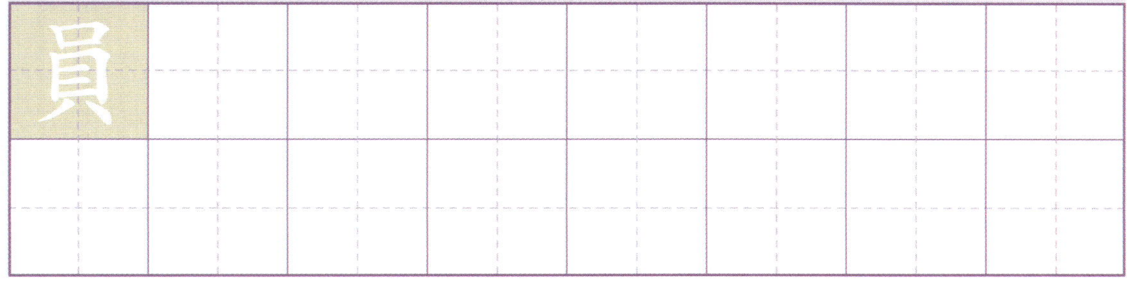

문 항 수 : 100문항<br>합격문항 : 70문항<br>제한시간 : 50분

# [제3회] 한자능력검정시험 4급 II 예상 문제

## 1. 다음 밑줄 친 漢字語의 讀音을 쓰시오. (1~35)

1  우리는 회장 선거를 앞두고 <u>設問</u> 조사를 실시하였다.   [       ]

2  우주 공간에는 수많은 <u>行星</u>이 떠돌고 있다.   [       ]

3  이번 운동회는 학부형들로 <u>盛況</u>을 이루었다.   [       ]

4  모든 사람들의 <u>聲援</u>에 힘입어 이재민이 용기를 얻었다.   [       ]

5  우리는 <u>精誠</u>을 모아 이재민을 돕고자 합니다.   [       ]

6  선생님의 <u>細心</u>한 배려로 더욱 열심히 공부하였다.   [       ]

7  나의 <u>素朴</u>한 꿈이 작가로 성장하게 되었다.   [       ]

8  우리나라는 자유 민주 국가와 <u>修交</u>를 맺고 있다.   [       ]

9  지금 우리가 겪고 있는 <u>受難</u>은 미래를 더욱 밝게 할 것이다. [       ]

10  학생들이 교실에서 착실히 <u>授業</u>을 받고 있다.   [       ]

11  나는 <u>收入金</u> 중의 일부를 불우 이웃 돕기에 보냈다.   [       ]

12  나의 <u>純粹</u>한 마음을 받아주십시오.   [       ]

13  나는 전학을 가기 위해 학교의 <u>承認</u>을 받았다.   [       ]

14  나는 내 잘못을 솔직히 <u>是認</u>하였다.   [       ]

15  이번 축구 <u>試合</u>에서 우리는 기필코 이겨야 한다.   [       ]

16  서울 가신 오빠는 <u>消息</u>이 없다.   [       ]

17  너의 <u>眼中</u>에는 내가 없는 것이냐?   [       ]

18  전기가 갑자기 나가자 <u>暗黑</u> 세계가 되었다.   [       ]

19  석규는 <u>壓倒</u>적인 표 차로 반장에 당선되었다.   [       ]

107

20 너의 게으름은 <u>如前</u>하구나.　　　　　　　　[　　　　]

21 그 어떤 <u>逆境</u>에도 굴하지 않고 열심히 살고자 한다.　[　　　　]

22 당신의 <u>演說</u>은 많은 사람들의 심금을 울렸습니다.　[　　　　]

23 아빠의 <u>禁煙</u> 계획은 항상 말뿐이다.　　　　　[　　　　]

24 그는 해외에서 어학 <u>研修</u>를 마치고 돌아왔다.　[　　　　]

25 우승의 <u>榮光</u>을 위해 열심히 노력하자.　　　　[　　　　]

26 찬호는 <u>藝能</u>에 뛰어난 재능을 보였다.　　　　[　　　　]

27 그것은 <u>誤解</u>를 받을 수 있는 행동이다.　　　　[　　　　]

28 <u>珠玉</u> 같은 너의 말 한 마디가 나에겐 큰 힘이 되었다.　[　　　　]

29 이 길은 사람의 <u>往來</u>가 드문 곳이다.　　　　[　　　　]

30 이번 여행길에 <u>往復</u> 열차표를 구입하였다.　　[　　　　]

31 이 냉장고의 <u>容量</u>은 매우 크구나.　　　　　[　　　　]

32 이번 모임의 참가 <u>人員</u>은 몇 명입니까?　　　[　　　　]

33 서울 시내의 교통난은 매우 <u>深刻</u>하다.　　　　[　　　　]

34 이번 학기의 수강 <u>申請</u>을 마쳤다.　　　　　[　　　　]

35 지금부터 용감한 시민에 대한 <u>施賞</u>이 있겠습니다.　[　　　　]


## 2. 다음 漢字의 訓과 音을 쓰시오.(36~57)

| 例 | 字 → 글자 자 |
|---|---|

36 城 [　　　]　　37 勢 [　　　]　　38 修 [　　　]

39 掃 [　　　]　　40 稅 [　　　]　　41 盛 [　　　]

42 純 [　　　]　　43 詩 [　　　]　　44 申 [　　　]

45 深 [          ]　46 眼 [          ]　47 壓 [          ]

48 餘 [          ]　49 演 [          ]　50 煙 [          ]

51 榮 [          ]　52 硏 [          ]　53 謠 [          ]

54 員 [          ]　55 續 [          ]　56 俗 [          ]

57 誠 [          ]


## 3. 다음 ( ) 안의 뜻풀이를 참고하여 제시된 漢字語를 漢字로 쓰시오. (58~67)

58 시구(시의 구절. 시의 한 부분) ·························· [          ]

59 휴식(하던 일을 멈추고 쉼) ···························· [          ]

60 안목(사물을 보아서 분별할 수 있는 능력) ············· [          ]

61 암기(기억할 수 있도록 외움) ························· [          ]

62 압력(어떤 물체가 다른 물체를 누르는 힘) ············ [          ]

63 액화(기체 또는 고체가 액체로 변함) ················· [          ]

64 여의주(불교에서, 모든 소원을 이루어 준다는 신기한 구슬) ··· [          ]

65 여담(딴 이야기. 용건 이외의 이야기) ················· [          ]

66 연예(대중적인 연극·노래·춤·희극·미술·만담 등의 예능) ··· [          ]

67 옥석(옥과 돌. 좋은 것과 나쁜 것) ···················· [          ]


## 4. 다음 문장에서 밑줄 친 漢字語를 漢字로 쓰시오. (58~67)

68 옛 성현의 주옥 같은 말씀을 따르기로 합시다. [          ]

69 수재민을 위한 성금을 모읍시다. [          ]

70 고구려는 만주 일대에까지 그 세력을 떨쳤다. [          ]

71 소복 차림의 여인이 슬피 울었다.　　　　　　[　　　　]

72 그는 속세와 인연을 끊고 수도자가 되었다.　　[　　　　]

73 비가 그쳐 중단되었던 경기가 속행되었다.　　[　　　　]

74 떠나는 선생님을 위해 송별회가 열렸다.　　　[　　　　]

75 나는 3개월간 컴퓨터 학원에 수강 신청을 하였다.　[　　　　]

76 국경을 수비하는 국군의 모습은 언제 보아도 든든하다.　[　　　　]

77 산업 시찰에서 우리는 많은 것을 배워 왔다.　　[　　　　]


5. 다음 漢字語들이 서로 反對語가 되도록 [　] 안에 알맞은 漢字를 써 넣으시오.(78~80)

78 [　　　] 舊 ↔ 迎新

79 [　　　] 業 ↔ 受業

80 [　　　] 入 ↔ 支出


6. 다음 漢字와 뜻이 같거나 비슷한 漢字를 [　] 안에 넣어 漢字語를 완성하시오.(81~83)

81 歌 [　　　]　　　82 珠 [　　　]　　　83 [　　　] 驗


7. 다음 (　) 안에 알맞은 漢字를 써서 四字成語를 완성하시오.(84~88)

84 (　　　) 下之盟 : 성 아래에서 맺는 굴욕적인 강화의 맹약.

85 (　　　) 身齊家 : 심신을 닦고 집안을 다스리는 일.

86 深 (　　　) 熟考 : 깊이 생각함. 또는 그 생각.

87 (　　　) 頭狗肉 : 겉은 버젓하지만 내실이 따르지 못함을 비유.

88 極樂(　　)生 : 죽어서 극락 세계에 가서 다시 태어남.

**8. 다음 漢字語와 讀音은 같으나 뜻은 제시된 풀이에 맞는 漢字語가 되도록 (　　) 안에 漢字를 쓰시오.**(89~91)

89 東要 …… 童(　　　) : 어린이의 정서를 표현한 노래.

90 事元 …… 社(　　　) : 회사에 근무하는 사람.

91 余百 …… (　　　)白 : 글씨를 쓰고 남은 빈 자리.

**9. 다음 漢字의 略字를 쓰시오.**(92~94)

92 續 [　　　　]　　　93 收 [　　　　]　　　94 藝 [　　　　]

**10. 다음 漢字의 部首를 쓰시오.**(95~97)

95 聖 [　　　　]　　　96 承 [　　　　]　　　97 詩 [　　　　]

**11. 다음 漢字語의 뜻을 쓰시오.**(98~100)

98 星宿 (　　　　　　　　　　　　　　　　　)

99 稅金 (　　　　　　　　　　　　　　　　　)

100 純眞 (　　　　　　　　　　　　　　　　　)

# 제4장

# 多多益善(다다익선) 編

圓 爲 衛 肉 恩 陰 應 義 議 移

益 印 引 認 將 障 低 敵 田 絶

接 政 程 精 制 提 濟 祭 製 除

際 助 早 造 鳥 尊 宗 走 竹 準

衆 增 志 指 支 至 職 眞 進 次

# 圓



동그라미, 둘레, 원

口(큰입구몸)부, ⑩ 13획

간 圓   동 團 둥글 단

형성자 에울 위(口) 안에 둥글 원(員).
員(원)은 아가리가 둥근 세발솥, 둘레가
둥글다는 뜻이다.

- 圓滿(원만) : 성격이나 인품이 모나지 않고 너그러움.
- 圓熟(원숙) : 무르익음. 인격이나 지식 따위가 깊고 원만함.
- 圓形(원형) : 둥글게 생긴 모양.

滿 찰 만   熟 익을 숙   形 모양 형

# 爲



행하다, ~라고 하다

爪(손톱머리)부, ⑧ 12획

간 为   약 為

상형자 원숭이의 손톱(爪)과 머리 · 눈 · 다리를
형상화한 글자. 원숭이의 재주는 무엇이나 할
수 있음을 뜻한다.

- 爲民(위민) : 백성을 위함.
- 爲政者(위정자) : 정치를 하는 사람.
- 爲主(위주) : 무엇을 기본이나 으뜸으로 삼음.

民 백성 민   政 정사 정   者 놈 자   主 임금/주인 주

| 衛 |  |

衛

훈 지킬  음 위

호위하다, 막다

行(다닐 행)부, ⑨ 15획

**간** 卫  **동** 守 지킬 **수**  防 막을 **방**  保 지킬 **보**

**형성자** 다닐 행(行)과 군복 위(韋).
군인이 성 주위를 다니며 지키는 것을 뜻한다.

- 衛兵(위병) : 호위하는 병사. 경비나 단속을 위해 배치된 병사.
- 衛生(위생) : 건강의 유지·증진을 위하여 질병 예방에 힘쓰는 일.
- 衛星(위성) : 행성의 주위를 운행하는 작은 천체.

兵 군사 **병**  生 날 **생**  星 별 **성**

ノ ク 彳 彳 彳 彳 彳 彳 彳 衔 衔 衛 衛 衛 衛

衛

---

肉

훈 고기  음 육

살, 몸, 혈연

肉(고기 육)부, ⓪ 6획

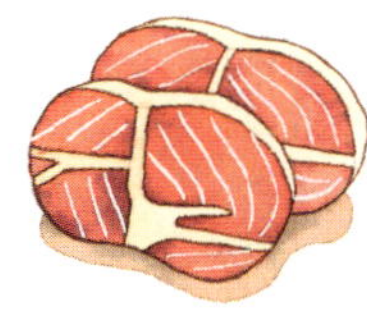

**반** 骨 뼈 골

**상형자** 잘라 낸 한 점의 고깃덩이를 본뜬 글자
로, '고기' 를 뜻한다.

- 肉類(육류) : 식용할 수 있는 짐승의 고기를 두루 이르는 말.
- 肉眼(육안) : (안경 등을 쓰지 않은) 본디의 눈이나 시력. 맨눈.
- 肉體(육체) : 사람의 몸. 肉身(육신).

類 무리 **류**  眼 눈 **안**  體 몸 **체**  身 몸 **신**

丨 冂 内 内 肉 肉

肉

## 恩

훈 은혜　음 은

사랑하다, 인정

心(마음 심)부, ⑥ 10획

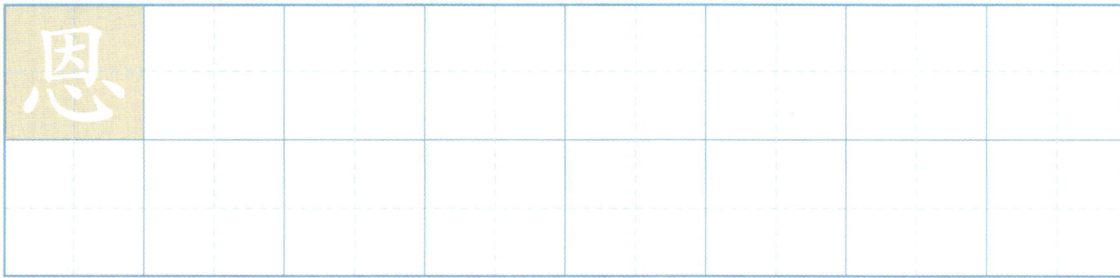


형성자　의지할 인(因·愛 : 사랑하다)과 마음 심(心). 의지해 오는 사람에게 베푸는 마음을 갖는 것으로, '은혜'를 뜻한다.

- 恩德(은덕) : 은혜와 덕. 은혜로 입은 신세.
- 恩師(은사) : 은혜를 베풀어 준 스승. 선생님의 존칭.
- 恩惠(은혜) : 자연이나 남에게서 받는 고마운 혜택.

德 큰 덕　師 스승 사　惠 은혜 혜

丨 冂 冋 冈 因 因 因 恩 恩 恩

## 陰

훈 그늘　음 음

음기, 음지, 세월

阝(좌부방)부, ⑧ 11획

형성자　언덕 부(阝·阜)와 그늘 음(会).
언덕에 가리어 햇볕이 들지 않는 곳으로,
'그늘, 음지'를 뜻한다.

- 陰氣(음기) : 음산하고 찬 기운. 음침한 기운.
- 陰德(음덕) : 남 앞에 드러내지 않고 베푼 덕행. 숨은 덕행.
- 陰陽(음양) : 음과 양. 만물을 생성하는 두 기운.

氣 기운 기　德 큰 덕　陽 볕 양

フ ３ 阝 阝 阝 阶 阶 险 险 陰 陰

# 應

훈 응할  음 응:

승낙하다, 대답하다

心(마음 심)부, ⑬ 17획

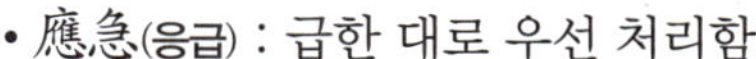

간 应  약 応

형성자 매 응(雁·鷹)과 마음 심(心).
사냥하는 매가 주인의 보살핌에 따르는 것으로,
'응하다' 를 뜻한다.

- 應急(응급) : 급한 대로 우선 처리함.
- 應援(응원) : 편들어 격려하거나 돕는 일. 운동 경기를 성원함.
- 因果應報(인과응보) : 선악의 인연에 따라서 뒷날 길흉화복의 갚음을 받음.

急 급할 **급**　援 도울 **원**　因 인할 **인**　果 실과 **과**　報 갚을/알릴 **보**

# 義

훈 옳을  음 의:

바르다, 의리, 정의

羊(양 양)부, ⑦ 13획

간 义

형성자 양 양(羊)과 나 아(我).
나의 마음가짐을 양처럼 착하게 가지는 것으로,
'옳다' 를 뜻한다.

- 義擧(의거) : 정의를 위해 사사로운 이해 타산을 생각함 없이 일으킨 행동.
- 義理(의리) : 사람으로서 마땅히 지켜야 할 올바른 도리.
- 正義(정의) : 사람으로서 지켜야 할 바른 도리. 바른 뜻.

擧 들 **거**　理 다스릴 **리**　正 바를 **정**

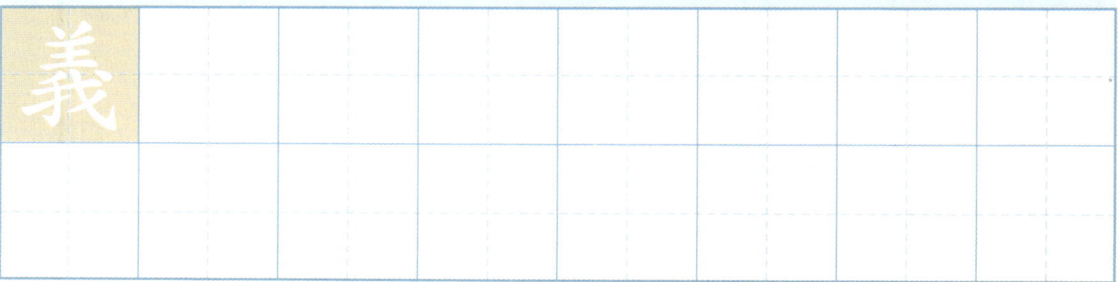

議

**훈** 의논할　**음** 의(:)

논쟁하다, 의견

言(말씀 언)부, ⑬ 20획

**형성자**　말씀 언(言)과 옳을 의(義).
올바른 결론을 얻고자 서로 의견을 나누는
것으로, '의논하다'를 뜻한다.

- 議決(의결) : 회의에서 의논하여 결정함.
- 議論(의논) : (어떤 일을 해결하기 위해) 서로 의견을 주고받음.
- 議案(의안) : 회의에서 토의할 안건.

決 결단할 **결**　論 논할 **론**　案 책상 **안**

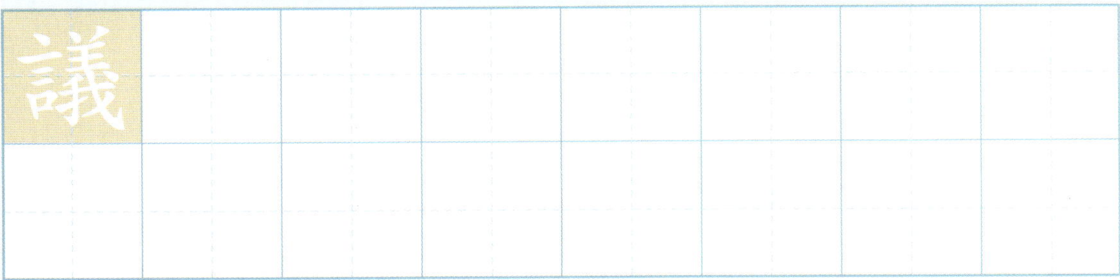

移

**형성자**

벼 화(禾)와 많을 다(多).
못자리의 많은 모를 내는 것으로, '옮기다'
를 뜻한다.

**훈** 옮길　**음** 이

보내다, 전하다, 바꾸다

禾(벼 화)부, ⑥ 11획

- 移動(이동) : 옮아 움직임. 움직여서 자리를 바꿈.
- 移民(이민) : 다른 나라의 땅으로 옮겨 가서 사는 일. 또는 그 사람.
- 移住(이주) : 다른 곳이나 다른 나라로 옮겨 가서 삶.

動 움직일 **동**　民 백성 **민**　住 살 **주**

益

**훈** 더할 **음** 익

보태다, 이익, 이롭다

皿(그릇 명)부, ⑤ 10획

**간약** 益

**반** 損 덜 손  減 덜 감  **동** 加 더할 가

**상형자** 물 수(氵·水)와 그릇 명(皿).
접시에 음식을 수북이 담은 모양을 본떠,
'더하다' 를 뜻한다.

• 益友(익우) : 사귀어서 도움이 되는 벗.
• 多多益善(다다익선) : 닿으면 많을수록 더욱 좋음.
• 利益(이익) : 이롭고 도움이 되는 일. 물질적으로 보탬이 되는 것.

友 벗 **우**  多 많을 **다**  善 착할 **선**  利 이할 **리**

丿 八 八 少 夳 夵 谷 谷 益 益

| 益 | | | | | | | |
|---|---|---|---|---|---|---|---|
| | | | | | | | |

印

**훈** 도장 **음** 인

찍다, 찍히다, 묻다

卩(병부절)부, ④ 6획

**회의자**

손톱 조(⺥·爪)와 병부절(卩 : 임금이 내리는 부
절(符節)). 손으로 찍는 '도장' 을 뜻한다.

• 印象(인상) : 마음에 깊이 새겨져 잊혀지지 않는 느낌.
• 印刷(인쇄) : 글이나 그림 등을 종이에 박아 내는 일.
• 刻印(각인) : 도장을 새김. 새긴 도장.

象 코끼리 **상**  刷 인쇄할 **쇄**  刻 새길 **각**

丿 丆 F F 印 印

| 印 | | | | | |
|---|---|---|---|---|---|
| | | | | | |

# 引

활 궁(弓)과 위아래 통할 곤(丨).
활에 화살을 먹여 과녁을 향해 당기는 것으로,
'끌다, 당기다' 를 뜻한다.

훈 끌  음 인

당기다, 이끌다, 인도하다

弓(활 궁)부, ① 4획

- 引見(인견) : 신분이나 지위가 높은 사람이 아랫사람을 불러 만나 봄. 引接(인접).
- 引導(인도) : 길을 안내함. 어떤 일을 하도록 가르쳐 이끎.
- 引受(인수) : (물건이나 권리를) 넘겨 받음.

見 볼 견   接 이을 접   導 인도할 도   受 받을 수

# 認

형성자  말씀 언(言)과 참을 인(忍).
상대의 말에 참고 귀를 기울이는 것으로,
'인정하다' 를 뜻한다.

훈 알  음 인

인정하다, 허락하다

言(말씀 언)부, ⑦ 14획

- 認可(인가) : 인정하여 허락함. 법률상의 행정 처분.
- 認識(인식) : 사물을 분별하고 판단하여 아는 일.
- 認定(인정) : 어떤 사실을 옳다고 믿고 정함.

可 옳을 가   識 알 식, 기록할 지   定 정할 정

# 將

**간** 將　**약** 将　**반** 兵 병사 병　軍 군사 군

**훈** 장수　**음** 장(:)

장차, 거느리다

寸(마디 촌)부, ⑧ 11획

**형성자** 조각 장(爿)과 고기 육(夕·肉), 법도 촌(寸). 법도에 맞게 여러 제물을 차리고 씨족을 거느린 '장수'를 뜻한다.

- 將計就計(장계취계) : 상대의 계략을 미리 알아채고 역이용하는 계략.
- 將軍(장군) : 군(軍)을 통솔, 지휘하는 우두머리. **반** 士兵(사병)
- 日就月將(일취월장) : 날로 달로 자라거나 나아감.

計 셀 **계**　就 나아갈 **취**　軍 군사 **군**　日 날 **일**　月 달 **월**

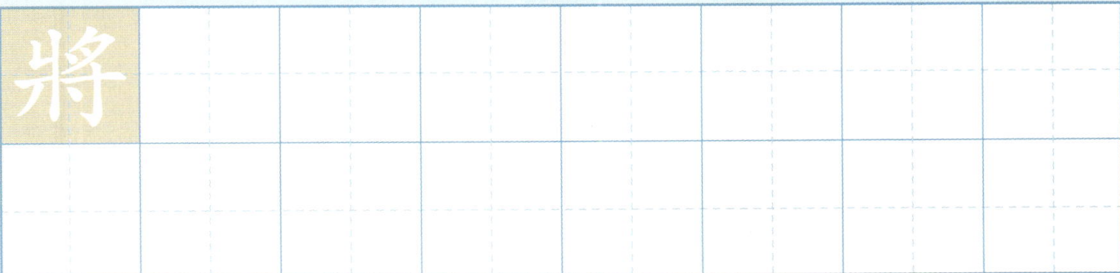


| 將 | | | | | | | |
|---|---|---|---|---|---|---|---|
| | | | | | | | |

# 障

**형성자** 언덕 부(阝·阜)와 글 장(章·倉 : 보이지 않게 하다). 언덕이 가로막혀 보이지 않는 것으로, '막다'를 뜻한다.

**훈** 막을　**음** 장

막히다, 가리다, 장애

阝(좌부방)부, ⑪ 14획

- 障壁(장벽) : 가리어 막은 벽. 방해가 되는 사물.
- 障害(장해) : (무슨 일을 하는 데) 거치적거리며 해로움.
- 故障(고장) : 사고나 장애로 생기는 탈.

壁 벽 **벽**　害 해할 **해**　故 연고 **고**

| 障 | | | | | | | |
|---|---|---|---|---|---|---|---|
| | | | | | | | |

低
훈 낮을  음 저:
숙이다, 머무르다
亻(사람인변)부, ⑤ 7획

- 低價(저가) : 싼값. 헐값. 廉價(염가).
- 低姿勢(저자세) : 낮은 몸가짐. 상대편의 비위를 맞추려는 태도.
- 低調(저조) : 능률이 오르지 않음.

價 값 가   廉 청렴할 렴   姿 모양 자   勢 형세 세   調 고를 조

ノ 亻 亻 亿 低 低 低



敵
훈 대적할  음 적
원수, 적, 상대
攵(등글월문)부, ⑪ 15획

형성자 뿌리 적(啇)과 칠 복(攵·攴).
적의 근거지를 치는 것으로, '대적하다,
맞선 상대' 를 뜻한다.

- 敵國(적국) : 적대 관계에 있는 나라.
- 敵手(적수) : 재주나 힘이 서로 맞서는 상대.
- 敵將(적장) : 적의 장수.

國 나라 국   手 손 수   將 장수 장

丶 亠 뉴 뉴 产 产 产 商 商 商 商 商 敵 敵 敵

田



밭 갈다, 경지 구획

田(밭 전)부, ⓞ 5획

반 沓 논 답

상형자  큰 입 구(口)와 열 십(十).
口(구)는 땅의 경계, 十(십)은 사방으로
통하는 길. 경작지를 본뜬 글자이다.

- 田沓(전답) : 논과 밭. 田土(전토).
- 田園(전원) : 논밭과 동산. 도시에서 떨어진 시골.
- 火田(화전) : 산이나 들에 불을 지른 다음 파서 일구어 농사짓는 밭.

沓 논 답   土 흙 토   園 동산 원   火 불 화

丨 冂 冃 田 田

田

絶



막다, 끊어지다, 으뜸

糸(실 사)부, ⑥ 12획

간 绝   동 斷 끊을 단  切 끊을 절

회의자  실 사(糸)와 칼 도(刀), 마디 절(巴 · 卩).
사람이 칼로 실을 자르는 것으로, '끊다'를
뜻한다.

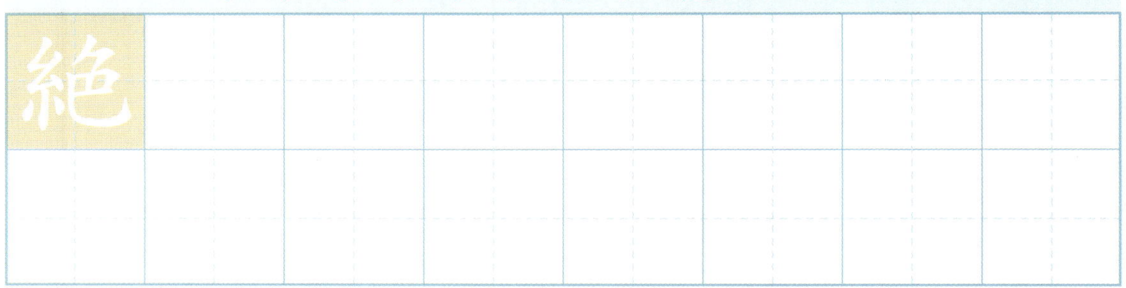

- 絶交(절교) : 서로 교제를 끊음.
- 絶對(절대) : 견줄 만한 상대가 없음. 비교할 수 없이 완전함.
- 絶望(절망) : 바라던 소망이 끊어짐. 희망을 다 버림.

交 사귈 교   對 대할 대   望 바랄 망

丶 幺 幺 糸 糸 糸 紵 紵 紵 紵 絶 絶

絶

# 接

**훈** 이을 **음** 접

사귀다, 접하다, 닿다

扌(재방변)**부**, ⑧ 11획

**동** 連 이을 **련**　續 이을 **속**　承 이을 **승**

**형성자** 손 수(扌·手)와 첩 첩(妾).
손과 손을 가까이 하여 사귀는 것으로,
'잇다, 사귀다' 를 뜻한다.

- 接近(접근) : 가까이 함. 바싹 다가붙음.
- 接待(접대) : 손님을 맞이하여 시중을 듦.
- 接受(접수) : 공적인 기관에서 필요한 서류나 신청 등을 받아들임.

近 가까울 **근**　待 기다릴 **대**　受 받을 **수**

一 亅 扌 扌 扩 扩 护 护 挍 接 接

# 政

**훈** 정사 **음** 정

다스리다, 법규, 구실

攵(등글월문)**부**, ⑤ 9획

**동** 治 다스릴 **치**

**형성자** 바를 정(正)과 칠 복(攵·攴).
쳐서 바로잡는 것으로, '정사, 다스리다' 를
뜻한다.

- 政權(정권) : 정부를 구성하여 정치를 행하는 권력.
- 政府(정부) : 국가의 최고 통치권을 가지고 있는 조직.
- 政治(정치) : 나라를 다스리는 일.

權 권세 **권**　府 마을 **부**　治 다스릴 **치**

一 丁 下 下 正 正 政 政 政

# 程

**훈** 한도/길  **음** 정

법도, 길이의 단위

禾(벼 화)부, ⑦ 12획

**동** 度 법도 **도**  道 길 **도**  路 길 **로**

**형성자** 벼 화(禾)와 드러낼 정(呈).
벼의 성장 상태를 드러내어 '정도'를 뜻한다.

- 程度(정도) : 알맞은 한도. 얼마 가량의 분량.
- 過程(과정) : 일이 되어 가는 경로.
- 路程(노정) : 어떤 지점에서 목적지까지의 거리. 여행의 경로나 일정.

度 법도 **도**, 헤아릴 **탁**  過 지날 **과**  路 길 **로**

| 程 | | | | | | | |
|---|---|---|---|---|---|---|---|
| | | | | | | | |

# 精

**훈** 정할  **음** 정

찧다, 세밀하다

米(쌀 미)부, ⑧ 14획

**간** 精  **동** 潔 깨끗할 **결**

**형성자** 쌀 미(米)와 푸를 청(靑 : 맑다).
깨끗이 정미(쓿은)한 쌀에서 맑은 마음,
'정미하다'를 뜻한다.

- 精巧(정교) : 정밀하고 교묘함.
- 精誠(정성) : 온갖 성의를 다하려는 참되고 거짓이 없는 마음.
- 精神(정신) : 무엇을 느끼거나 생각하는 능력. **반** 肉體(육체)

巧 공교할 **교**  誠 정성 **성**  神 귀신 **신**  肉 고기 **육**  體 몸 **체**

| 精 | | | | | | | |
|---|---|---|---|---|---|---|---|
| | | | | | | | |

# 制

**훈** 절제할 **음** 제:

금하다, 짓다, 법도

刂(선칼도방)**부**, ⑥ 8획

**동** 度 법도 **도**　法 법 **법**

**회의자**　아닐 미(朱·未 : 가지가 많은 나무)와 칼 도(刂·刀). 나뭇가지를 잘라 무성하게 되는 것을 '절제하다'를 뜻한다.

- 制壓(제압) : 세력이나 기세를 제어하여 억누름.
- 制定(제정) : 제도나 규정 따위를 만들어 정함.
- 制限(제한) : 한계나 범위를 정함. 일정한 한계나 범위를 넘지 못하게 함.

壓 누를 **압**　定 정할 **정**　限 한할 **한**

<br>

丶 亠 二 丄 牛 牛 制 制

| | | | | | | |
|---|---|---|---|---|---|---|
| 制 | | | | | | |
| | | | | | | |

# 提

**훈** 끌 **음** 제

이끌다, 들다

扌(재방변)**부**, ⑨ 12획

**형성자**

손 수(扌·手)와 바를 시(是).
손으로 사물을 바르게 이끌어내는 것을 뜻한다.

- 提起(제기) : 어떤 문제나 의견을 내어 놓음.
- 提示(제시) : 글이나 말로 어떤 내용, 문제를 드러내 보임.
- 提出(제출) : 의견이나 문안 등을 내어 놓음.

起 일어날 **기**　示 보일 **시**　出 날 **출**

<br>

一 十 扌 扌 扩 押 押 押 捍 捏 提 提

| | | | | | |
|---|---|---|---|---|---|
| 提 | | | | | |
| | | | | | |

## 濟



**형성자** 물 수(氵·水)와 가지런할 제(齊·
進 : 나아가다). 강을 건너다, 장애 등을 도와
구제하는 것을 뜻한다.

**훈** 건널  **음** 제:

구제하다, 이루다

氵(삼수변)**부**, ⑭ **17획**

- 濟民(제민) : 백성을 도탄에서 건져 넴.
- 濟世安民(제세안민) : 세상을 구제하여 백성을 편안하게 함.
- 經濟(경제) : 인간 생활에 필요한 모든 활동.

民 백성 **민**   世 인간 **세**   安 편안 **안**   經 지날/글 **경**

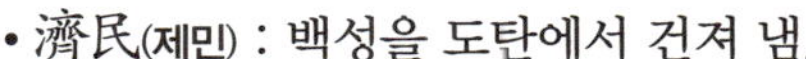

濟

## 祭



**회의자** 고기 육(夕·肉)과 손 우(又·手),
보일 시(示). 손으로 희생을 바치는 것으로,
'제사'를 뜻한다.

**훈** 제사  **음** 제:

제사 지내다

示(보일 시)**부**, ⑥ **11획**

- 祭器(제기) : 제사 때 쓰는 그릇.
- 祭祀(제사) : 신령이나 죽은 사람의 넋에게 음식을 바쳐 표하는 예절.
- 祝祭(축제) : 경축하여 벌이는 큰 잔치나 행사.

器 그릇 **기**   祀 제사 **사**   祝 빌 **축**

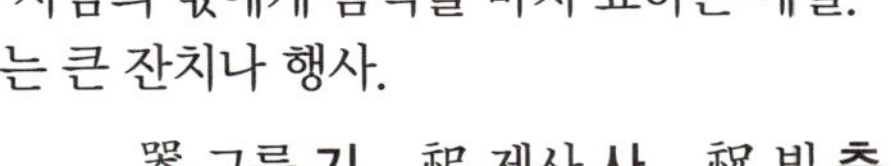

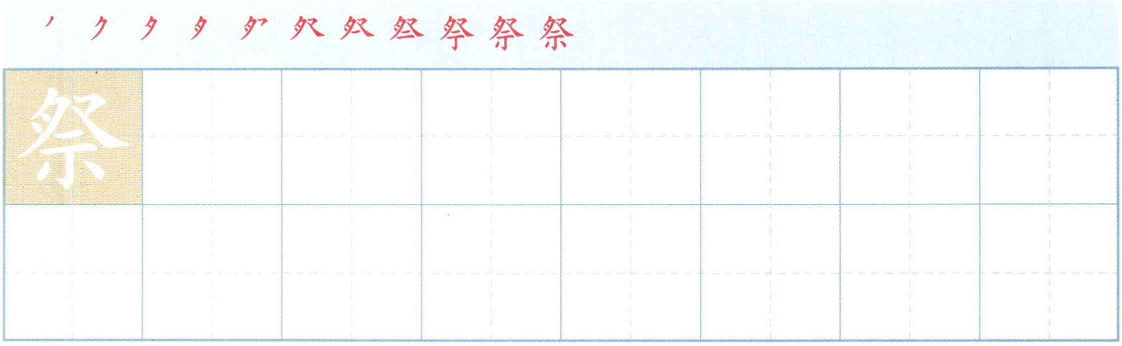

祭

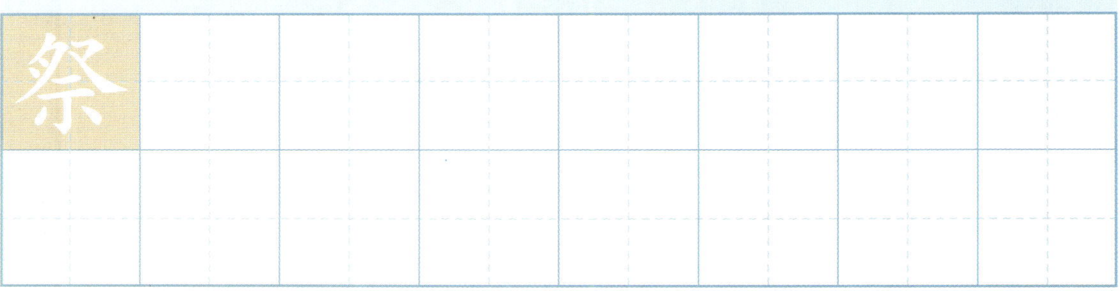

## 製

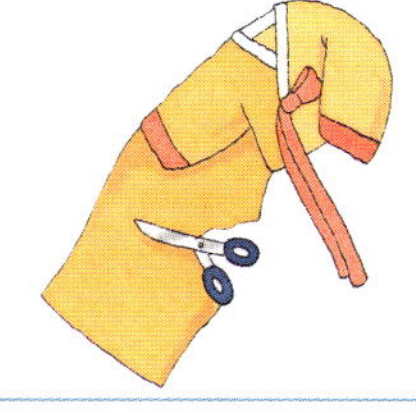

훈 **지을** 음 **제:**

만들다, 모습, 모양

衣(옷 의)부, ⑧ 14획

간 制　동 作 지을 **작**　造 지을 **조**

형성자　지을 제(制 : 나무를 깎아 다듬다)와 옷 의(衣). 옷감을 마름질하는 것으로, '짓다'를 뜻한다.

- 製鍊(제련) : 광석에서 금속을 정제하여 냄.
- 製作(제작) : 재료를 써서 물건을 만듦.
- 製造(제조) : 원료를 가공하여 제품을 만듦.

鍊 쇠불릴/단련할 **련**　作 지을 **작**　造 지을 **조**

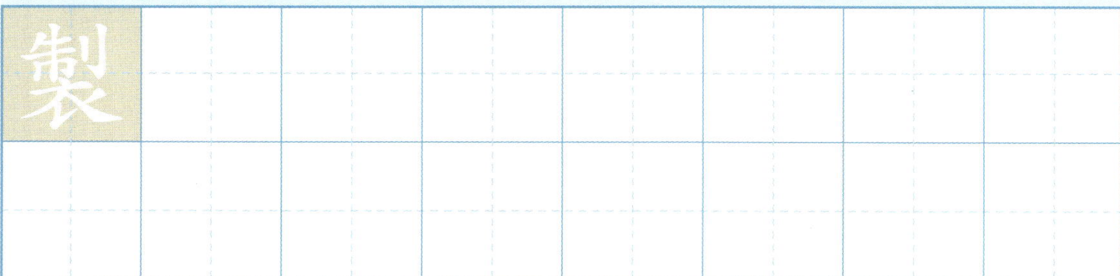

## 除

훈 **덜** 음 **제**

버리다, 나눗셈, 벼슬

阝(좌부방)부, ⑦ 10획

반 加 더할 **가**　동 減 덜 **감**　省 덜 **생**

형성자　언덕 부(阝·阜 : 계단)와 남을 여(余·숴 : 뺀다). 궁전에 있는 섬돌. 또는 깨끗이 제거하는 것을 뜻한다.

- 除去(제거) : 덜어서 없애버림. 치움.
- 除名(제명) : 어떤 단체 등의 명부에서 이름을 빼어 버림.
- 除授(제수) : 추천을 받지 않고 임금이 직접 벼슬자리를 줌.

去 갈 **거**　名 이름 **명**　授 줄 **수**

# 際

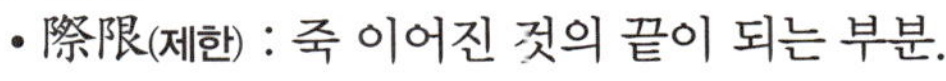



훈 즈음/가  음 제:

사이, 교제하다

阝(좌부방)부, ⑪ 14획

**형성자**  언덕 부(阝·阜)와 제사 제(祭).
언덕 위에 차려진 제상. 제물들이 일정한
'사이'를 두고 벌여 있는 것을 뜻한다.

- 際限(제한) : 죽 이어진 것의 끝이 되는 부분.
- 交際(교제) : 사람과 사람이 서로 사귐.
- 國際(국제) : 나라와 나라와의 관계.

限 한할 **한**　交 사귈 **교**　國 나라 **국**

```
' ３ 阝 阝 阝 阝 阝 阝 阡 阡 隊 隊 際 際
```

| 際 | | | | | | | |
|---|---|---|---|---|---|---|---|
| | | | | | | | |

# 助

**형성자**
또 차(且)와 힘 력(力).
힘을 쓰는 일에 또 힘을 더하는 것으로,
'돕다, 도움'을 뜻한다.

훈 도울  음 조:

거들다, 구실, 이롭다

力(힘 력)부, ⑤ 7획

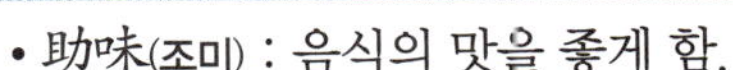

- 助味(조미) : 음식의 맛을 좋게 함.
- 助言(조언) : 도움이 되는 말. 말로써 거들어 줌.
- 協助(협조) : 힘을 보태어 서로 도움.

味 맛 **미**　言 말씀 **언**　協 화할 **협**

```
丿 𠄌 𡰪 月 且 助 助
```

| 助 | | | | | | | |
|---|---|---|---|---|---|---|---|
| | | | | | | | |

날 일(日)과 동쪽 갑(十·甲 : 머리).
머리 위에 해가 뜨기 시작하는 것으로,
'일찍, 이르다'를 뜻한다.

훈 이를  음 조:

일찍, 새벽, 미리, 급히

日(날 일)부, ② 6획

• 早期(조기) : 이른 시기. 일찍. 이른 때.
• 早速(조속) : 어떤 일이 이루어지는 것이 이르고 빠름.
• 早熟(조숙) : (곡식이나 과일 등이) 일찍 익음.

期 기약할 기   速 빠를 속   熟 익을 숙

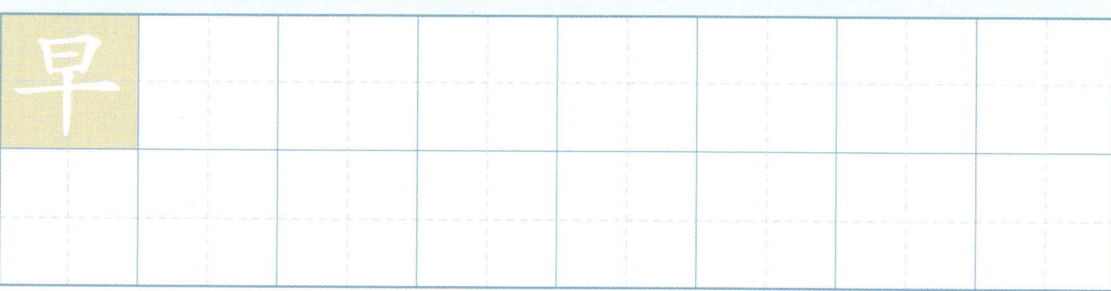

---

作 지을 작   製 지을 제

 쉬엄쉬엄 갈 착(辶·辵)과 알릴 고(告).
앞에 나아가 일하는 것을 알리는 것으로,
'짓다'를 뜻한다.

훈 지을  음 조:

만듦, 세우다, 시작하다

辶(책받침)부, ⑦ 11획

• 造景(조경) : 경관을 아름답게 꾸미는 일.
• 造作(조작) : (좋지 못한 목적 아래) 무슨 일을 지어내거나 꾸며 냄.
• 造化(조화) : 천지 자연의 이치.

景 볕 경   作 지을 작   化 될 화

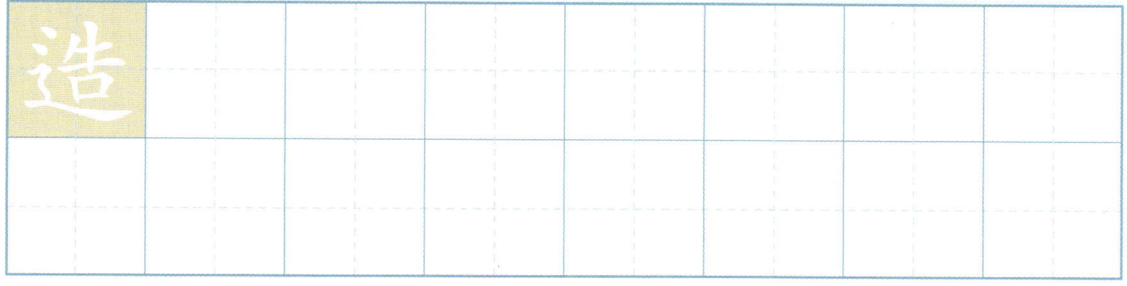

# 鳥

**훈** 새 **음** 조

별 이름

鳥(새 조)부, **⓪** 11획

**간** 鸟

**상형자** 새의 모양을 본뜬 글자로 '새'를 뜻한다.

- 鳥獸(조수) : 새와 짐승.
- 鳥足之血(조족지혈) : '새 발의 피'란 뜻으로, 아주 적은 분량을 비유.
- 一石二鳥(일석이조) : 한 가지 일을 하여 두 가지 이익을 거둠.

獸 짐승 **수**　足 발 **족**　之 갈 **지**　血 피 **혈**　石 돌 **석**

# 尊

**훈** 높을 **음** 존

우러러보다, 술통

寸(마디 촌)부, **⑨** 12획

**간** 尊　**반** 卑 낮을 비　**동** 高 높을 고

**회의자** 술항아리 추(酋)와 법도 촌(寸).
술항아리를 법도에 맞게 제상 또는 윗사람에게
바치는 것으로, '높다'를 뜻한다.

- 尊敬(존경) : 남의 훌륭한 인격을 높이고 받들어 모심.
- 尊卑貴賤(존비귀천) : 지위나 신분의 높고 낮음과 귀하고 천함.
- 尊重(존중) : 아주 귀중하게 여김.

敬 공경 **경**　卑 낮을 **비**　貴 귀할 **귀**　賤 천할 **천**　重 무거울 **중**

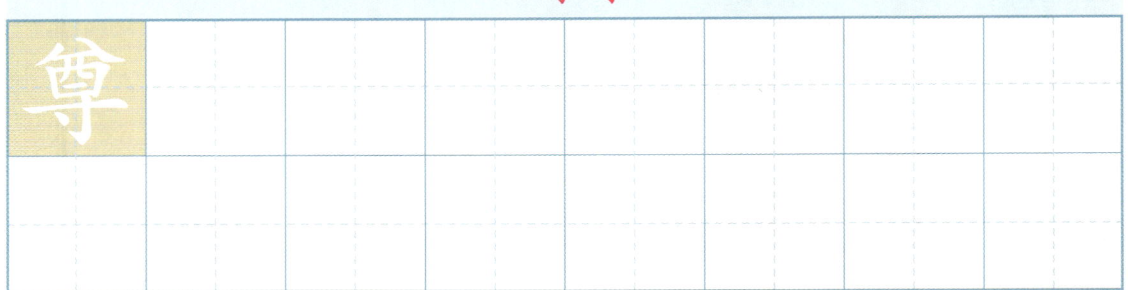

# 宗

**훈** 마루　**음** 종

일의 근원, 으뜸, 사당

宀(갓머리)**부**, ⑤ 8획



움집 면(宀)과 보일 시(示).
조상의 혼백을 모시는 사당으로, 곧 그 집안의
'근원, 으뜸' 을 뜻한다.

- 宗家(종가) : 한 문중에서 맏이로만 이어 온 큰집.
- 宗敎(종교) : 숭고하고 위대한 대상인 신을 숭배, 신앙하는 일.
- 宗廟社稷(종묘사직) : 왕조 때, '왕실과 나라' 를 아울러 이르던 말.

家 집 **가**　敎 가르칠 **교**　廟 사당 **묘**　社 모일 **사**　稷 피 **직**

# 走

**훈** 달릴　**음** 주

뛰어가다, 나가다

走(달릴 주)**부**, ⓪ 7획



흙 토(土)와 그칠 지(止 · 龰 : 발자국).
땅에 발을 딛고 달려가는 것으로, '달리다' 를
뜻한다.

- 走力(주력) : 달리는 힘.
- 走馬看山(주마간산) : 말을 타고 달리며 산천을 구경함.
- 脫走(탈주) : 몸을 빼쳐 달아남.

力 힘 **력**　馬 말 **마**　看 볼 **간**　山 메 **산**　脫 벗을 **탈**

# 竹



대나무 가지의 가운데 잎이 아래로 드리워진
모양을 본뜬 것으로, '대나무'를 뜻한다.

**훈 대  음 죽**

피리, 죽간(竹簡)

竹(대 죽)부, ⓪ 6획

- 竹刀(죽도) : 대로 만든 칼.
- 竹馬故友(죽마고우) : 어릴 때부터 친하게 지내는 오랜 친구.
- 竹筍(죽순) : 대나무의 어린 싹.

刀 칼 도  馬 말 마  故 연고 고  友 벗 우  筍 풀이름 순

ノ 人 ᅩ 仁 ᅫ ᅪ 竹

竹

# 準

간 准  약 準  동 平 평평할 평

 물 수(氵·水)와 새매 준(隼).
새매가 수평으로 나는 것으로, 공평한
'법, 법도'를 뜻한다.

**훈 준할  음 준:**

법, 표준, 고르다

氵(삼수변)부, ⑩ 13획

- 準備(준비) : (필요한 것을) 미리 마련하여 갖춤.
- 準則(준칙) : 표준을 삼아서 따라야 할 규칙.
- 基準(기준) : 기본이 되는 표준.

備 갖출 비  則 법칙 칙, 곧 즉  基 터 기

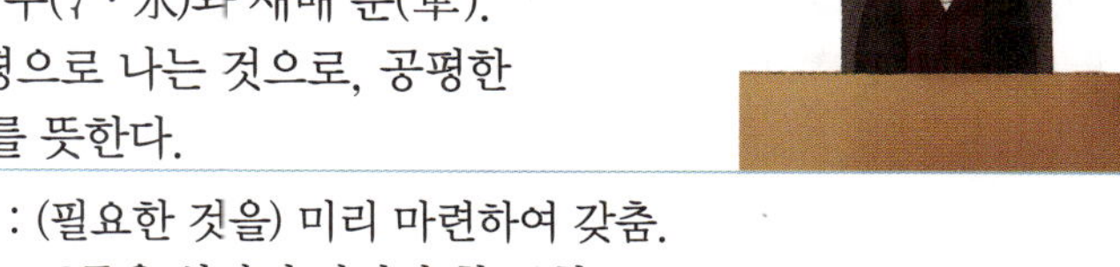

準

# 衆

훈 무리  음 중:

많다, 많은 사람

血(피 혈)부, ⑥ 12획

간 众  동 徒 무리 도  黨 무리 당

회의자 피 혈(血)과 많은 사람 중(㐺).
혈통이 같은 많은 사람, '무리'를 뜻한다.

- 衆寡不敵(중과부적) : 적은 수로는 많은 수에 대적할 수 없음.
- 衆口難防(중구난방) : 여러 사람의 의견을 받아넘기기 어려움.
- 衆論(중론) : 여러 사람의 견해.

寡 적을 과  敵 대적할 적  難 어려울 난  防 막을 방  論 논할 론

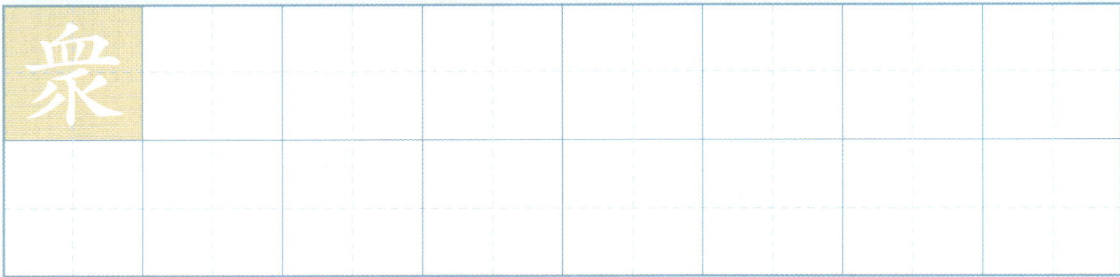

# 增

훈 더할  음 증

늚, 불어나다

土(흙 토)부, ⑫ 15획

간 增  약 増  반 減 덜 감  除 덜 제

형성자 흙 토(土)와 거듭 증(曾).
흙을 거듭 포개어 쌓는 것으로, '더하다'를
뜻한다.

- 增加(증가) : 수나 양이 많아짐. 반 減少(감소)
- 增減(증감) : 증가와 감소. 늘어나거나 줄어듦.
- 增補(증보) : (책이나 글의 내용을) 더 보태고 다듬어서 채움.

加 더할 가  減 덜 감  少 적을 소  補 기울 보

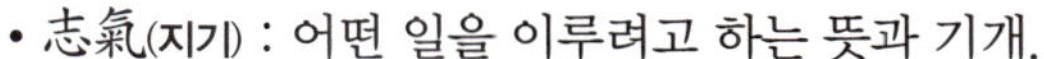


**형성자** 갈 지(士·之의 변형)와 마음 심(心).
마음이 향해 가는 것으로, '뜻' 을 뜻한다.

- 志氣(지기) : 어떤 일을 이루려고 하는 뜻과 기개.
- 志士(지사) : 고매한 뜻을 품은 사람.
- 志向(지향) : 생각이나 마음이 어떤 목적을 향함.

氣 기운 **기**   士 선비 **사**   向 향할 **향**

훈 뜻   음 **지**

의향, 본심, 희망

心(마음 심)**부, ③ 7획**

一 十 士 志 志 志 志

---

**형성자**
손 수(扌·手)와 뜻 지(旨 : 맛있다).
손으로 가리켜서 모든 뜻을 나타내는
'손가락' 을 뜻한다.

- 指導(지도) : 어떤 목적이나 방향에 따라 가르쳐 인도함.
- 指名(지명) : 여러 사람 가운데서 누구라고 가리켜 말함.
- 指示(지시) : 가리켜 보임. 일러서 시킴.

導 인도할 **도**   名 이름 **명**   示 보일 **시**

훈 가리킬   음 **지**

손가락, 발가락

扌(재방변)**부, ⑥ 9획**

一 十 扌 扩 指 指 指 指 指

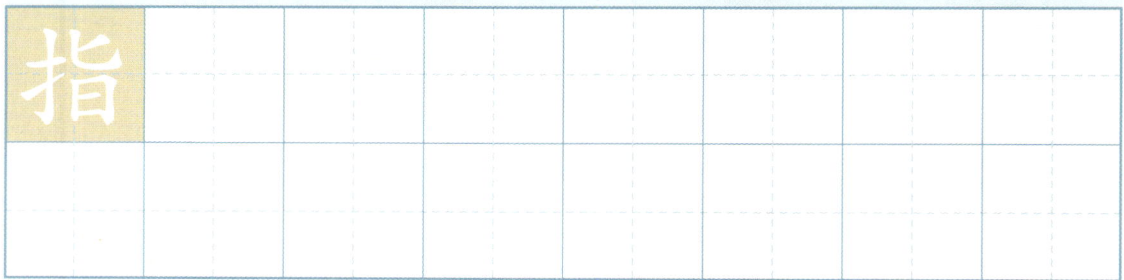

支

나무의 가지를 손에 든 모양을 본떠, '가지'를 뜻한다.

- 支給(지급) : 물건이나 돈을 치러 줌.
- 支援(지원) : 원조함. 뒷받침하거나 편들어서 도움.
- 支持(지지) : 받쳐 듦. 주의나 정책 등에 찬동하여 뒷받침함.

給 줄 **급**   援 도울 **원**   持 가질 **지**

훈 지탱할  음 지

가지, 버티다, 혈통

支(지탱할 지)**부**, ⓪ 4획

一 十 [illegible] 支

| 支 | | | | | | |
|---|---|---|---|---|---|---|
| | | | | | | |

---

至

통 到 이를 **도**   致 이를 **치**


화살이 땅에 꽂혀 있는 모양에서, '이르다, 당도하다'를 뜻한다.

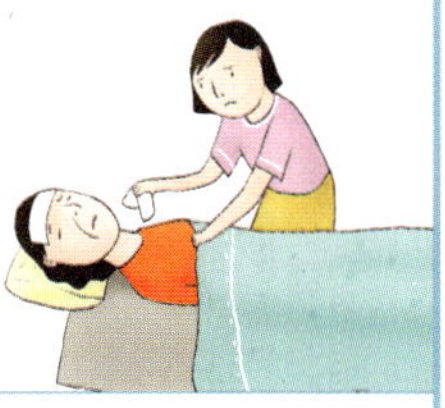

- 至極(지극) : 더할 나위 없음. 극진한 데까지 이름.
- 至當(지당) : 이치에 꼭 맞다. 지극히 당연함.
- 至誠(지성) : 정성이 지극함. 지극히 성실함.

極 다할/극진할 **극**   當 마땅 **당**   誠 정성 **성**

훈 이를  음 지

오다, 미치다, 지극하다

至(이를 지)**부**, ⓪ 6획

一 厶 厶 厽 至 至

| 至 | | | | | | |
|---|---|---|---|---|---|---|
| | | | | | | |

職

(훈) 직분 (음) 직

벼슬, 구실, 일

耳(귀 이)부, ⑫ 18획

(간) 职　(동) 官 벼슬 관

(형성자) 귀 이(耳)와 알 직(戠).
미세한 곳까지 잘 알아서 힘쓰는 것으로,
'벼슬, 직분'을 뜻한다.

• 職分(직분) : 직책에 따라 일정하게 주어진 일.
• 職業(직업) : 생활을 꾸리기 위해 일상적으로 하는 일.
• 職責(직책) : 맡은 자리에 따라 책임을 지고 해야 하는 일.

分 나눌 분　業 업 업　責 꾸짖을 책

一 丁 丆 下 耳 耳 耳 耳 耳 耶 耶 耶 聯 聯 聯 職 職 職

---

眞

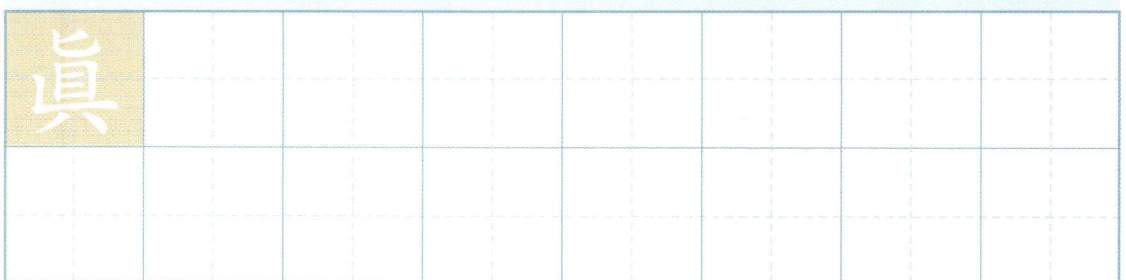

(훈) 참 (음) 진

진짜, 순수하다, 바르다

目(눈 목)부, ⑤ 10획

(간·약) 真　(반) 假 거짓 가

(회의자) 숟가락 비(匕)와 솥 정(眞·鼎).
숟가락으로 솥에 물건을 꽉 채우는 것으로,
'참, 진실'을 뜻한다.

• 眞理(진리) : 참된 이치. 거짓이 아닌 사실.
• 眞善美(진선미) : 인간이 이상으로 삼는, 참다움과 착함과 아름다움.
• 眞實(진실) : 거짓이 없이 바르고 참됨.

理 이치 리　善 착할 선　美 아름다울 미　實 열매 실

一 匚 匕 炉 片 自 自 直 眞 眞

進

**훈** 나아갈 **음** 진:

힘쓰다, 벼슬하다, 오르다

辶 (책받침)부, ⑧ 12획

**간** 进  **반** 退 물러날 **퇴**

**회의자** 새 추(隹)와 쉬엄쉬엄 갈 착(辶·辵).
새가 날아가는 모양으로, '나아가다' 를 뜻한다.

- 進級(진급) : 등급이나 학년·계급 등이 올라감.
- 進路(진로) : 앞으로 나아가는 길. 나아갈 길.
- 進退兩難(진퇴양난) : 나아가기도 물러날 수도 없는 어려움.

級 등급 **급**   路 길 **로**   退 물러날 **퇴**   兩 두 **량**   難 어려울 **난**

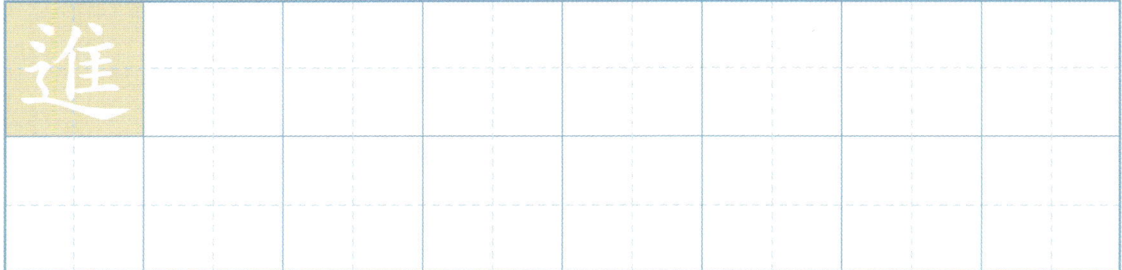

|進|||||||

次

**훈** 버금 **음** 차

다음, 차례, 이어짐

欠(하품 흠)부, ② 6획

**동** 副 버금 **부**

**상형자** 두 이(二)와 하품 흠(欠).
사람이 지쳐 하품하며 두 번째로 나아가는
것으로, '버금, 다음' 을 뜻한다.

- 次期(차기) : 다음 시기. 다음 기회.
- 次例(차례) : 나아가는 순서. 순서를 매김.
- 次元(차원) : 어떤 일을 하거나 생각하거나 할 때의 처지.

期 기약할 **기**   例 법식 **례**   元 으뜸 **원**

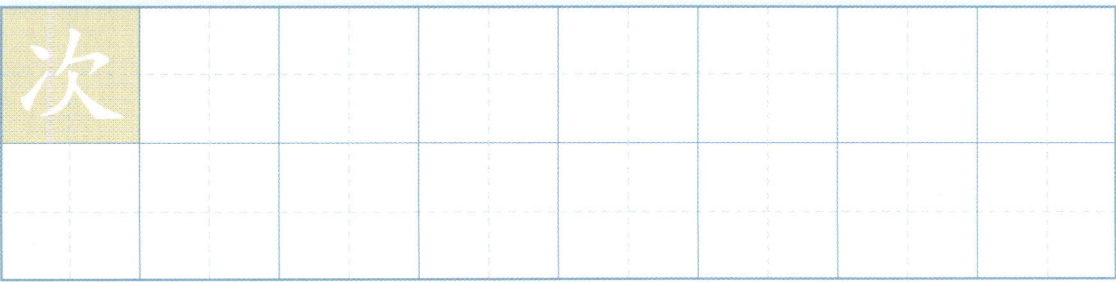

|次|||||||

**1. 다음 밑줄 친 漢字語의 讀音을 쓰시오.**(1~35)

1 그는 圓滿한 성격이라 주변에 친구가 많다. [          ]

2 영민이는 이기적인 성격이라 모든 것을 자기 爲主로 생각한다. [          ]

3 여름철에는 식품 衛生에 특별히 주의해야 한다. [          ]

4 부모님의 恩德으로 지금까지 잘 살아왔다. [          ]

5 우선 급한 대로 應急 조치를 취했다. [          ]

6 4·19 義擧는 민주주의를 위한 기반이 되었다. [          ]

7 추석을 앞두고 귀성객의 移動이 시작되었다. [          ]

8 모두에게 利益이 되는 일을 찾아보자. [          ]

9 우리를 바른 길로 引導해 주십시오. [          ]

10 모두에게 認定받는 사람이 되고 싶다. [          ]

11 두 사람 사이에는 마음의 障壁이 가로막고 있었다. [          ]

12 너의 실력으로는 나의 敵手가 될 수 없다. [          ]

13 아버지께서는 퇴직 후 田園 생활을 하시겠다고 한다. [          ]

14 정한 기일에 맞추어 입학 원서를 接受시켰다. [          ]

15 精巧한 솜씨로 빚어 만든 도자기. [          ]

16 불평만 하지 말고 좋은 방안을 提示허 주십시오. [          ]

17 정성된 마음을 모아 祭祀를 지냈다. [          ]

18 이 공장에서는 자동차 부품을 製造하고 있다. [          ]

19 당신의 진심어린 助言을 구하고자 합니다. [          ]

20 그들의 주장은 造作이었음이 밝혀졌다. [          ]

21 그 선생님은 학생들로부터 尊敬을 받고 있다. [          ]

22 우리 집은 김 씨 집안의 宗家이다. [          ]

23 모든 것이 準備된 사람에게는 두려움이 없다. [          ]

24 그 문제는 여러 사람들의 의견인 衆論에 따랐다. [          ]

25 민수는 반장 후보로 指名되었다. [          ]

26 그의 의견은 학생들의 많은 支持를 받았다. [          ]

27 이 세상의 職業에는 귀천이 없다. [          ]

28 학교를 졸업한 후 進路를 어떻게 정해야 할지 모르겠다. [          ]

29 아이들은 줄을 서서 次例대로 기차를 탔다. [          ]

30 당신에게 향하는 眞實을 믿어 주세요. [          ]

31 그는 늙은 부모님을 至極한 정성으로 모셨다. [          ]

32 내가 志向하는 바는 더불어 잘 사는 사회를 이루는 것이다. [          ]

33 10년 전에 펴냈던 책을 增補하여 다시 펴냈다. [          ]

34 이번 행사는 國際적으로 치르기로 하였다. [          ]

35 우리나라는 평화적으로 政權이 바뀌었는가? [          ]


## 2. 다음 漢字의 訓과 音을 쓰시오. (36~57)

| 例 | 字 → 글자 자 |

36 圓 [          ]    37 肉 [          ]    38 應 [          ]

39 議 [          ]    40 爲 [          ]    41 移 [          ]

42 印 [          ]    43 將 [          ]    44 引 [          ]

45 障 [          ]　　46 認 [          ]　　47 敵 [          ]

48 精 [          ]　　49 提 [          ]　　50 助 [          ]

51 濟 [          ]　　52 指 [          ]　　53 早 [          ]

54 宗 [          ]　　55 支 [          ]　　56 鳥 [          ]

57 職 [          ]


## 3. 다음 ( ) 안의 뜻풀이를 참고하여 제시된 漢字語를 漢字로 쓰시오. (58~67)

58 제기(제사 때 쓰는 그릇) ································· [          ]

59 제작(재료를 써서 물건을 만듦) ···················· [          ]

60 조경(경관을 아름답게 꾸미는 일) ················· [          ]

61 조수(새와 짐승) ·········································· [          ]

62 종교(숭고하고 위대한 대상인 신을 숭배, 신앙하는 일) ·· [          ]

63 탈주(몸을 빼쳐 달아남) ······························· [          ]

64 죽순(대나무의 어린 싹) ······························· [          ]

65 지도(어떤 목적이나 방향에 따라 가르쳐 인도함) ·· [          ]

66 진리(참된 이치. 거짓이 아닌 사실) ··············· [          ]

67 차원(어떤 일을 하거나 생각하거나 할 때의 처지) ·· [          ]


## 4. 다음 문장에서 밑줄 친 漢字語를 漢字로 쓰시오. (68~77)

68 세균이나 바이러스는 너무 작아 육안으로는 볼 수 없다. [          ]

69 '스승의 날' 에 은사님을 찾아뵈었다. [          ]

70 우리는 우리나라 축구팀을 열렬히 응원하였다. [          ]

**71** 내가 어려움에 처하자 친구들은 의리 있게 도와주었다. [          ]

**72** 제출된 의안을 심의하여 통과시켰다.                  [          ]

**73** 항상 웃는 얼굴은 누구에게나 좋은 인상을 심어준다.  [          ]

**74** 고장 난 시계를 고치려고 수리점을 찾았다.            [          ]

**75** 공부를 열심히 했는데도 시험 성적이 저조하였다.      [          ]

**76** 그녀는 슬프게도 내게 절교를 선언하였다.            [          ]

**77** 요즘 우리나라의 경제 사정이 어렵다고 한다.          [          ]


## 5. 다음 ( ) 안에 알맞은 漢字를 써서 四字成語를 완성하시오. (78~82)

**78** 因果(          )報 : 선악의 인연에 따라서 뒷날 길흉화복의 갚음을 받음.

**79** 多多(          )善 : 많으면 많을수록 더욱 좋음.

**80** (          )足之血 : '새 발의 피'란 뜻으로, 아주 적은 분량.

**81** (          )馬故友 : 어릴 때부터 친하게 지내는 오랜 친구.

**82** (          )退兩難 : 나아가기도 물러날 수도 없는 어려움.


## 6. 다음 漢字와 뜻이 反對 또는 相對되는 漢字를 [   ] 안에 넣어 漢字語를 완성하시오. (83~85)

**83** [          ]假          **84** 低[          ]          **85** [          ]卑


## 7. 다음 漢字와 뜻이 같거나 비슷한 漢字를 넣어 漢字語를 완성하시오. (86~88)

**86** [          ]惠          **87** 絕[          ]          **88** [          ]治

8. 다음 漢字語와 讀音은 같으나 뜻은 제시된 풀이에 맞는 漢字語가 되도록 (   )
안에 漢字를 쓰시오.(89~91)

    89 正富 …… (        )府 : 국가의 최고 통치권을 가지고 있는 조직.

    90 程成 …… 精(        ) : 온갖 성의를 다하려는 참되고 거짓이 없는 마음.

    91 朝己 …… (        )期 : 이른 시기. 일찍. 이른 때.


9. 다음 漢字의 略字를 쓰시오.(92~94)

    92 爲 [          ]　　93 應 [          ]　　94 濟 [          ]


10. 다음 漢字의 部首를 쓰시오.(95~97)

    95 準 [          ]　　96 義 [          ]　　97 程 [          ]


11. 다음 漢字語의 뜻을 쓰시오.(98~100)

    98 移住 (                                        )

    99 政治 (                                        )

    100 協助 (                                        )

# 제5장 賢母良妻(현모양처) 編

察 創 處 請 總 銃 築 蓄 忠 蟲

取 測 治 置 齒 侵 快 態 統 退

波 破 包 布 砲 暴 票 豊 限 港

航 解 鄕 香 虛 驗 賢 血 協 惠

呼 好 户 護 貨 確 回 吸 興 希

察

훈 살필   음 **찰**

알다, 드러나다

宀(갓머리)**부**, ⑪ **14획**

**동** 督 감독할 **독**   省 살필 **성**

**형성자**  움집 면(宀)과 제사 제(祭).
집안에서 제사 지낼 때 제상을 살피는 것으로,
'살피다, 알다' 를 뜻한다.

• 察知(**찰지**) : 살펴서 앎. 미루어 앎.
• 觀察(**관찰**) : 사물이 되어 가는 형편을 자세히 봄.
• 視察(**시찰**) : 돌아다니며 실지 사정을 살핌.

知 알 **지**   觀 볼 **관**   視 볼 **시**

丶 丷 宀 宀 夕 夕 夕 夕 宛 宛 宛 宛 察 察

創

훈 비롯할   음 **창:**

시작하다, 만들다

刂(선칼도방)**부**, ⑩ **12획**

**동** 始 비로소 **시**   初 처음 **초**

**형성자**  곳집 창(倉)과 칼 도(刂·刀).
집을 지을 때는 곧 시작해야 하는 것으로,
'비롯하다' 를 뜻한다.

• 創立(**창립**) : 처음으로 세움. 創設(창설).
• 創業(**창업**) : 나라를 처음으로 세움. 사업을 시작함.
• 創造(**창조**) : 처음으로 생각해 내어 만듦.

立 설 **립**   業 업 **업**   造 지을 **조**

丿 𠂉 𠂊 今 今 今 今 倉 倉 倉 創 創

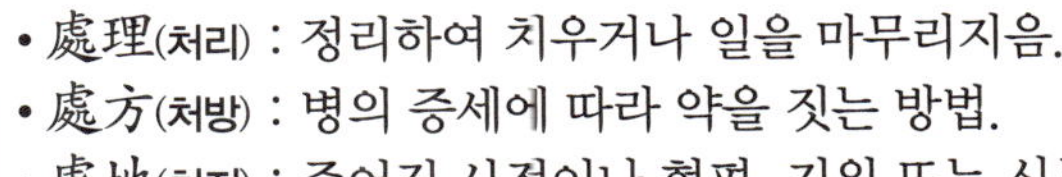

## 處

**훈** 곳 **음** 처:

장소, 위치, 머무르다

虍(범호엄)부, ⑤ 11획

**간** 处　**약** 処　**통** 所 바 소　場 마당 장

**형성·회의자** 범호 엄(虍)과 천천히 걸을 쇠(夂), 걸상 궤(几). 걸상에 걸터앉아 쉬는 것으로, '곳, 장소'를 뜻한다.

- 處理(처리) : 정리하여 치우거나 일을 마무리지음.
- 處方(처방) : 병의 증세에 따라 약을 짓는 방법.
- 處地(처지) : 주어진 사정이나 형편. 지위 또는 신분.

理 다스릴 **리**　方 모 **방**　地 따(땅) **지**

丿 丨 卢 广 卢 虍 虍 虎 處 處 處

---

## 請

**훈** 청할 **음** 청

원하다, 부탁하다

言(말씀 언)부, ⑧ 15획

**간** 请

**형성자** 말씀 언(言)과 맑을 청(靑). 맑은 눈빛으로 부탁하는 것으로, '청하다'를 뜻한다.

- 請求(청구) : 무엇을 달라고 요구함.
- 請援(청원) : 도와주기를 청함.
- 請託(청탁) : (무엇을 해 달라고) 청하며 부탁함. 또는 그 부탁.

求 구할 **구**　援 도울 **원**　託 부탁할 **탁**

丶 亠 亖 言 言 言 言 言 言 詰 詰 請 請 請 請

# 總

**훈** 다 **음** 총:

거느리다, 모두, 합하다

糸(실 사)부, ⑪ 17획

**간** 总 **약** 総 **반** 個 낱 개 **동** 皆 다 개

**형성자** 실 사(糸)와 묶을 총(悤).
여러 가닥의 실을 한데 모아 묶는 것으로,
'다, 모두, 거느리다'를 뜻한다.

- 總計(총계) : 전체를 한데 모아서 한 계산.
- 總力(총력) : 어떤 집단이 가지는 모든 힘. 전체의 힘.
- 總員(총원) : 전체의 인원. 총인원.

計 셀 **계**　力 힘 **력**　員 인원 **원**

ノ ㄴ ㄠ ㄠ ㄠ 糸 糸 糸 糾 納 納 絅 絅 總 總 總

| 總 | | | | | | |
|---|---|---|---|---|---|---|
| | | | | | | |

---

# 銃

**훈** 총 **음** 총

화총, 도끼, 구멍

金(쇠 금)부, ⑥ 14획

**간** 铳

**형성자** 쇠 금(金)과 가득할 충(充).
화약과 탄알을 가득히 재어서 쏘는 '총'을
뜻한다.

- 銃劍(총검) : 총과 칼. 곧 무력을 뜻함.
- 銃傷(총상) : 총알에 맞아 다친 상처.
- 銃聲(총성) : 총알이 발사될 때 나는 소리.

劍 칼 **검**　傷 다칠 **상**　聲 소리 **성**

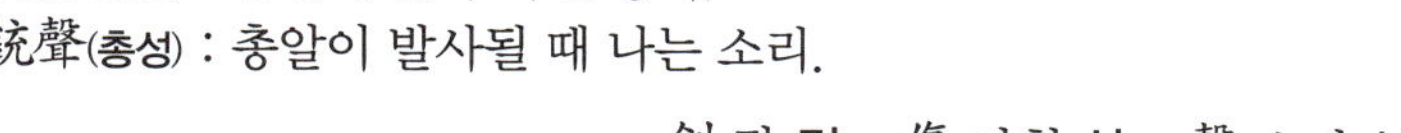

ノ ㄴ ㅑ ㅌ 乍 车 车 金 金 釒 釒 鈝 鈝 銃

| 銃 | | | | | | |
|---|---|---|---|---|---|---|
| | | | | | | |

# 築



㉮ 筑   ⑤ 積 쌓을 적

**형성자**  주울 축(筑)과 나무 목(木).
나무로 만든 공이로 흙을 다지고 돌을 주워
쌓는 것을 뜻한다.

- 築臺(축대) : 높이 쌓아올린 대나 터. 담벼락.
- 築城(축성) : 성을 쌓음. 군사 방어 목적으로 설치하는 구조물.
- 建築(건축) : 집이나 시설물을 짓거나 만드는 일.

臺 대 **대**   城 재 **성**   建 세울 **건**

ノ ト ト ケ ゲ 竺 笊 竺 笁 笁 筑 筑 筮 筑 築 築

# 蓄



⑤ 貯 쌓을 저   積 쌓을 적

**형성자**  풀 초(艹·艸)와 쌓을 축(畜 : 길러서
모으다). 추수한 곡식을 쌓아두는 것으로,
'모으다, 쌓다'를 뜻한다.

- 蓄財(축재) : 재물을 모아서 쌓음.
- 備蓄(비축) : 미리 장만하여 비축해 둠.
- 貯蓄(저축) : 소득의 일부를 적립함. 또는 그렇게 모은 돈.

財 재물 **재**   備 갖출 **비**   貯 쌓을 **저**

一 艹 艹 艹 芍 艿 荢 蒈 荢 蓄 蓄 蓄 蓄

## 忠



가운데 중(中)과 마음 심(心).
가운데에 있어 치우치지 않는 마음으로,
'충성'을 뜻한다.

**훈** 충성　**음** 충

진심, 정성, 도

心(마음 심)부, ④ 8획

• 忠告(충고) : 남의 허물이나 결점 등을 고치도록 타이름.
• 忠誠(충성) : 참마음에서 우러나는 정성.
• 忠孝(충효) : 충성과 효도.

告 고할 **고**　誠 정성 **성**　孝 효도 **효**

---

## 蟲





벌레 훼(虫) 셋을 합하여, 모든 '벌레'
를 총칭하는 뜻으로 쓰인다.

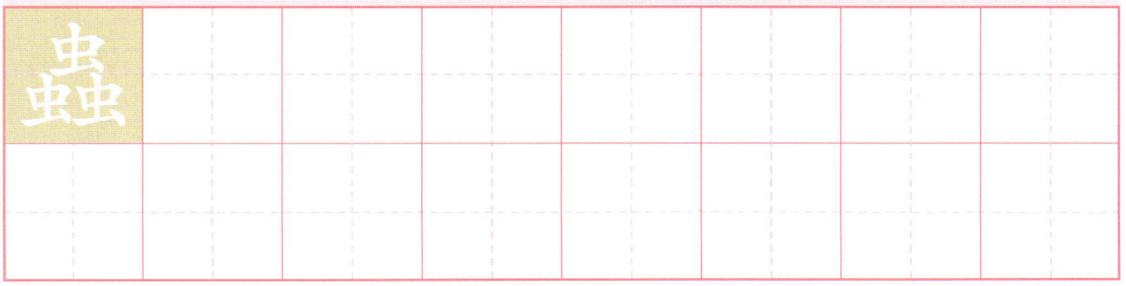

**훈** 벌레　**음** 충

벌레의 피해, 좀먹다

虫(벌레 충·훼)부, ⑫ 18획

• 蟲類(충류) : 벌레의 종류.
• 蟲齒(충치) : 벌레 먹은 이. 삭은니.
• 害蟲(해충) : 사람·가축·농작물에 해를 끼치는 벌레.

類 무리 **류**　齒 이 **치**　害 해할 **해**

# 取

귀 이(耳)와 또(손) 우(又).
전쟁 중 포로들의 귀를 베어온 데서 '가지다,
취하다'를 뜻한다.

**훈** 가질 **음** 취:

취하다, 장가들다

又(또 우)**부**, ⑥ 8획

- 取扱(취급) : 사물을 다룸. 응대하거나 대접함.
- 取得(취득) : 자기 소유로 만듦. 손안에 넣어 가짐.
- 取材(취재) : 기사의 재료를 찾아서 얻음. 또는 그 일.

扱 거둘 **급**　得 얻을 **득**　材 재목 **재**

一　丁　丁　丙　耳　耳　取　取

---

# 測

**형성자** 물 수(氵·水)와 법칙 칙(則).
법칙에 따라 물의 깊이를 알아내는 것으로,
'재다, 헤아리다'를 뜻한다.

**훈** 헤아릴 **음** 측

재다, 측량하다

氵(삼수변)**부**, ⑨ 12획

- 測量(측량) : 길이·넓이·높이 등을 재어 헤아림.
- 測定(측정) : 헤아려 정함. 어떤 양의 크기 등을 기구로 잼.
- 觀測(관측) : 자연 현상의 변화 등을 관찰하여 측정함.

量 헤아릴 **량**　定 정할 **정**　觀 볼 **관**

丶　丶　氵　氵　汈　汎　泪　泪　渭　測　測

동 政 정사 **정** 理 다스릴 **리**

형성자 물 수(氵·水)와 기를 이(台 : 가래).
물을 다스리기 위해 가래를 사용하는 것으로,
'다스리다'를 뜻한다.

훈 다스릴  음 치
정사, 감독하다
氵(삼수변)부, ⑤ 8획

- 治國安民(치국안민) : 나라를 다스리고 백성을 편안하게 함.
- 治療(치료) : 병이나 상처를 다스려서 낫게 함.
- 治粧(치장) : 매만져서 잘 꾸미거나 모양을 냄.

國 나라 **국**　安 편안 **안**　民 백성 **민**　療 병 고칠 **료**　粧 단장할 **장**

간 置　동 措 둘 조

형성자 그물 망(罒·网)과 곧을 직(直).
그물을 곧게 쳐서 세워두는 것을 뜻한다.

훈 둘  음 치:
놓다, 베풀다, 세우다
网(그물망머리)부, ⑧ 13획

- 置重(치중) : 어떤 곳에 중점을 둠.
- 置之度外(치지도외) : 내버려두고 문제로 삼지 않음.
- 置換(치환) : 바꾸어 놓음.

重 무거울 **중**　之 갈 **지**　度 법도 **도**, 헤아릴 **탁**　外 바깥 **외**　換 바꿀 **환**

**훈** 이 **음** 치

나이, 연령, 늘어서다

齒(이 치)부, ⓪ 15획

간 齒  약 齒

**형성자**  물건을 물어(龂) 멈추게(止) 하는
것으로 아래 위의 '이'를 뜻한다.

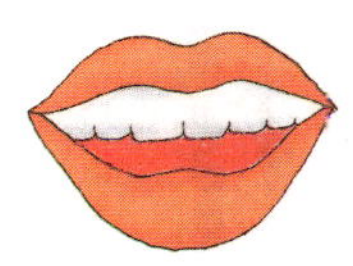

- 齒科(치과) : 이를 전문으로 치료하고 연구하는 의학의 한 분야.
- 齒石(치석) : 이의 표면에 석회분이 굳어진 물질.
- 齒藥(치약) : 이를 닦을 때 칫솔에 묻혀 쓰는 약품.

科 과목 **과**   石 돌 **석**   藥 약 **약**

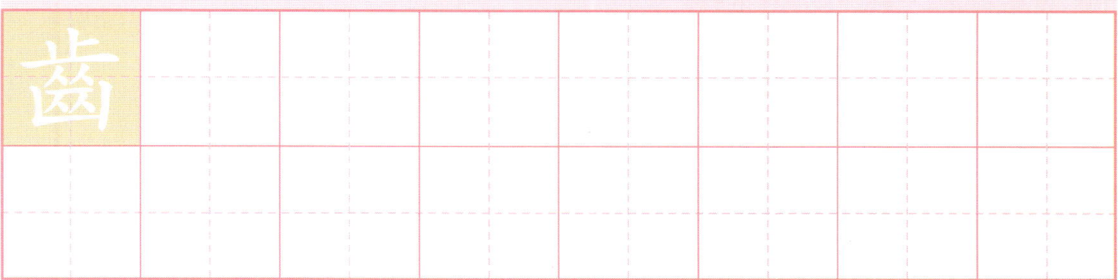

齒

---

**훈** 침노할 **음** 침

침략, 범하다

亻(사람인변)부, ⑦ 9획

**회의자**

사람 인(亻·人)과 비 추(⺕·帚), 또 우(又 : 손).
빗자루로 쓸면서 점점 앞으로 나아가며 침노하
는 것을 뜻한다.

- 侵攻(침공) : 남의 나라를 침범하여 공격함.
- 侵犯(침범) : 남의 영토 등을 쳐들어가 해를 끼침.
- 侵奪(침탈) : 침범하여 빼앗음.

攻 칠 **공**   犯 범할 **범**   奪 빼앗을 **탈**

侵

# 快

마음 심(忄·心)과 결단할 결(夬·活 : 활기 넘치다). 마음이 생기 발랄하고 쾌활한 것을 뜻한다.

**훈** 쾌할  **음** 쾌

상쾌, 기뻐하다, 빠르다

忄(심방변)**부**, ④ 7획

- 快感(쾌감) : 상쾌하고 즐거운 느낌.
- 快樂(쾌락) : 기분이 좋고 즐거움.
- 快晴(쾌청) : 하늘이 활짝 개어 맑음.

感 느낄 **감**　樂 즐길 **락**, 노래 **악**, 좋아할 **요**　晴 맑을 **청**

　ﾉ　丶　忄　忄　忙　快　快

快

# 態

**간** 态　**동** 狀 형상 **상**　姿 모양 **자**



능할 능(能 : 움직임)과 마음 심(心). 마음의 움직임에 따라 나타나는 태도, 곧 '모습'을 뜻한다.

**훈** 모습　**음** 태:

생김새, 형상, 태도

心(마음 심)**부**, ⑩ 14획

- 態度(태도) : 몸가짐. 모양이나 맵시.
- 態勢(태세) : 어떤 일에 맞설 자세나 태도.
- 形態(형태) : 일정한 구조를 갖춘 모양. 생김새.

度 법도 **도**, 헤아릴 **탁**　勢 형세 **세**　形 형상 **형**

　丶　ㄴ　厶　宀　台　台　育　育　能　能　能　能　態　態

態

# 統

**훈** 거느릴 **음** 통:

계통, 모두, 한데 묶다

糸(실 사)**부**, ⑥ 12획

**간** 统　**동** 領 거느릴 령

**형성자** 실 사(糸)와 채울 충(充).
실의 가닥을 한데 모아 채우는 것으로,
'거느리다' 를 뜻한다.

- 統計(통계) : 전부를 통틀어서 계산함.
- 統一(통일) : 갈라진 여럿을 모아 하나로 만듦.
- 統制(통제) : 일정한 방침에 따라 제약하거나 제한함.

計 셀 **계**　一 한 **일**　制 절제할 **제**

丿 纟 纟 纟 糸 糸 糸 糸 紵 紵 紵 統

---

# 退

**훈** 물러날 **음** 퇴:

후퇴하다, 물리치다

辶(책받침)**부**, ⑥ 10획

**간** 退　**반** 進 나아갈 **진**

**회의자** 해 일(日)과 뒤쳐져올 치(夂), 쉬엄쉬엄
갈 착(辶 · 辵). 왔던 길로 되돌아가는 것으로,
'물러나다' 를 뜻한다.

- 退却(퇴각) : 뒤로 물러감.
- 退勤(퇴근) : 직장에서 근무를 마치고 나옴.
- 退院(퇴원) : 입원 생활을 마치고 병원에서 나옴.　**반** 入院(입원)

却 물리칠 **각**　勤 부지런할 **근**　院 집 **원**　入 들 **입**

フ ㄱ ㅋ ㅌ 艮 艮 艮 艮 退 退

# 波

**훈** 물결　**음** 파

흐름, 분규, 갈등

氵(삼수변)부, ⑤ 8획



물 수(氵·水)와 가죽 피(皮).
모피(毛皮)처럼 물결치는 '물결, 파도'를 뜻한다.

- 波及(파급) : 어떤 일의 영향이 퍼져서 다른 것에 미침.
- 波動(파동) : 물결의 움직임. 사회적으로 일으킨 큰 변동.
- 波紋(파문) : 수면에 이는 물결의 무늬. 어떤 일의 영향.

及 미칠 **급**　動 움직일 **동**　紋 무늬 **문**

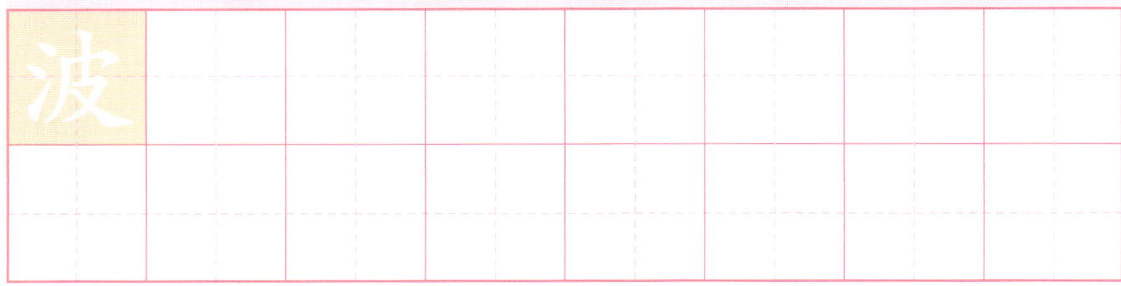



波

---

# 破

**훈** 깨뜨릴　**음** 파:

부수다, 깨지다

石(돌 석)부, ⑤ 10획



돌 석(石)과 가죽 피(皮 : 파도).
부서지는 물결처럼 돌이 깨지고 파괴되는 것을
뜻한다.

- 破壞(파괴) : 건물이나 기물·조직 등을 부수거나 무너뜨림.
- 破産(파산) : 가산을 모두 날려 버림.
- 破損(파손) : 깨어져 못쓰게 됨. 또는 깨뜨려 못쓰게 함.

壞 무너질 **괴**　産 낳을 **산**　損 덜 **손**

破

# 包

어머니 태(勹) 속에 아기(巳)가 웅크리고 있는
모양을 본떠, '싸다, 아이 배다'를 뜻한다.

**훈** 쌀 **음** 포(:)

꾸리다, 아이 배다, 용납하다

勹(쌀포몸)부, ③ 5획

- 包容(포용) : 남을 너그럽게 받아들임. 휩싸서 들임.
- 包裝(포장) : 물건을 싸서 꾸림.
- 包含(포함) : 속에 들어 있거나 함께 넣음.

容 얼굴 **용**　裝 꾸밀 **장**　含 머금을 **함**

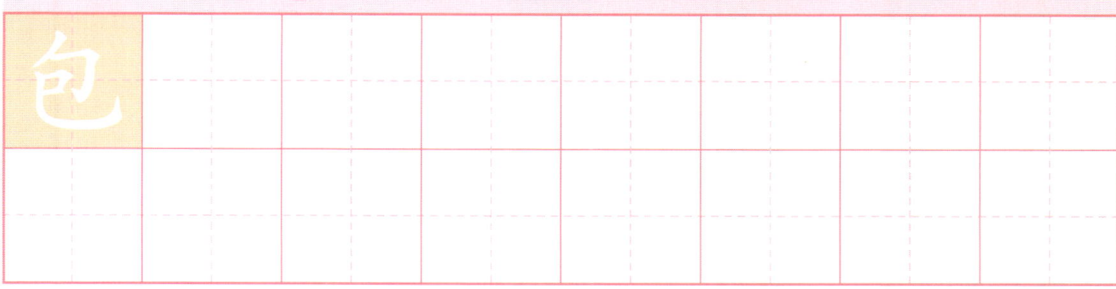

ノ 勹 勺 勺 包

包

# 布

아비 부(𠂇·父) 밑에 수건 건(巾).
부모가 자식을 다스리듯, 천을 잘 매만져
다듬질한 '베'를 뜻한다.

**훈** 베/펼 **음** 포(:)
**훈** 보시 **음** 보:

피륙의 총칭, 돈, 펴다

巾(수건 건)부, ② 5획

- 布告(포고) : 국가의 결정을 세상에 널리 알림.
- 布木商(포목상) : 베나 무명 등을 파는 장사. 또는 그 장수.
- 布衣寒士(포의한사) : 벼슬이 없는 가난한 선비.

告 고할 **고**　木 나무 **목**　商 장사 **상**　衣 옷 **의**　寒 찰 **한**　士 선비 **사**

ノ ナ 𠂇 才 右 布

布

돌 석(石)과 쌀 포(包).
돌을 싸서 날리는 '돌쇠뇌, 대포'를 뜻한다.

훈 대포  음 포:
포, 돌쇠뇌
石(돌 석)부, ⑤ 10획

- 砲擊(포격) : 목표물을 대포로 사격함.
- 砲手(포수) : 총으로 짐승을 잡는 사냥꾼.
- 大砲(대포) : 화약의 힘으로 포탄을 멀리 쏘는 큰 화기.

擊 칠 격   手 손 수   大 큰 대

날 일(日)과 나갈 출(共 · 出), 두 손(八)과
쌀 미(米). 햇볕에 벼를 말리듯이, '사납다,
모질다'를 뜻한다.

훈 사나울  음 폭
훈 모질  음 포:
사납다, 해치다, 드러내다
日(날 일)부, ⑪ 15획

- 暴動(폭동) : 무리를 이루어 폭력으로 사회 질서를 어지럽힘.
- 暴力(폭력) : 난폭한 힘. 육체적 손상과 물리적 강제력.
- 暴風(폭풍) : 몹시 세차게 부는 바람.

動 움직일 동   力 힘 력   風 바람 풍

## 票



허리 요(覀 · 要)와 보일 시(示).
물건의 중심부를 보이는 것을 뜻하였으나,
파생되어 쓰인다.

훈 표  음 표

표하다, 쪽지, 어음

示(보일 시)부, ⑥ 11획

- 票決(표결) : 투표로써 결정함.
- 車票(차표) : 차를 타기 위해 일정한 찻삯을 주고 사는 표.
- 投票(투표) : 선거 또는 찬반 의견 따위를 기입하여 넣음. 또는 그 일.

決 결단할 결   車 수레 거 · 차   投 던질 투

一 厂 厂 戸 襾 襾 覀 覀 覀 票 票

## 豊




제사 지낼 때 제기(豆)에 음식이 풍성하
게 담겨 있는 모양을 본떠, '풍성하다, 풍년' 을
뜻한다.

훈 풍년  음 풍

풍성하다, 넉넉하다

豆(콩 두)부, ⑥ 13획

- 豊年(풍년) : 농사가 잘된 해. 반 凶年(흉년)
- 豊富(풍부) : 양이 넉넉하고 많음.
- 豊足(풍족) : 매우 넉넉하여 모자람이 없음.

年 해 년   凶 흉할 흉   富 부자 부   足 발 족

丨 冂 冂 由 曲 曲 曲 曲 豐 豐 豐 豊 豊

限

언덕 부(阝·阜)와 한정할 간(艮).
언덕에서 어떤 범위를 정하는 것으로,
'한하다, 한정'을 뜻한다.

훈 한할  음 한:

한정, 한계, 지경

阝(좌부방)부, ⑥ 9획

- 限界(한계) : 땅의 경계. 사물의 정하여진 범위나 경계.
- 限定(한정) : 제한하여 정함. 또는 그 한도.
- 期限(기한) : 미리 정해 놓은 일정한 시기.

界 지경 계   定 정할 정   期 기약할 기

港



물 수(氵·水)와 마을 항(巷).
마을을 거쳐 나간 물길로, '항구'를 뜻한다.

훈 항구  음 항:

배가 머무는 곳, 뱃길

氵(삼수변)부, ⑨ 12획

- 港口(항구) : 배가 드나들고 또 머무는 곳.
- 港都(항도) : 항구를 끼고 발달한 도시.
- 空港(공항) : 항공기가 뜨고 내릴 수 있도록 시설을 갖춘 곳.

口 입 구   都 도읍 도   空 빌 공

航



배 주(舟)와 높을 항(亢).
亢(항)은 다닐 행(行)과 통하여 '가다' 의
뜻으로, 배로 가는 것을 뜻한다.

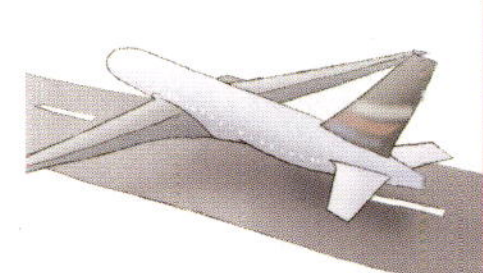

훈 **배** 음 **항**:

선박, 건너다, 날다

舟(배 주)부, ④ 10획

- 航空(항공) : 비행기나 비행선으로 공중을 날아서 다님.
- 航路(항로) : 배나 비행기의 길.
- 航海(항해) : 배를 타고 바다를 다님.

空 빌 **공**    路 길 **로**    海 바다 **해**

´ ㄥ 月 月 月 舟 舟 舟` 舟ʾ 舟ʾ 航

| 航 | | | | | | | |
|---|---|---|---|---|---|---|---|
| | | | | | | | |

解



뿔 각(角)과 칼 도(刀), 소 우(牛).
칼로 소를 잡아 가르는 것으로, '풀다, 해부' 를
뜻한다.

훈 **풀** 음 **해**:

풀이, 흩어지다, 가르다, 해부

角(뿔 각)부, ⑥ 13획

- 解決(해결) : 얽힌 일을 풀어서 처리함.
- 解剖(해부) : 생물체의 일부 또는 전부를 절개하여 내부를 조사하는 일.
- 解說(해설) : 알기 쉽게 풀어서 설명함.

決 결단할 **결**    剖 쪼갤 **부**    說 말씀 **설**, 달랠 세

´ ʾ ㇲ 角 角 角 角 解 解 解 解 解

| 解 | | | | | | | |
|---|---|---|---|---|---|---|---|
| | | | | | | | |

**郷**

훈 시골　음 향

마을, 고향, 곳

阝(우부방)부, ⑩ 13획

상형자　거리 향(邑 : 촌락)과 밥 고소할 흡(皀).
구획된 농경지를 나타내어 '시골, 마을' 을
뜻한다.

• 鄕里(향리) : 나서 자라난 고향의 마을.
• 鄕愁(향수) : 고향을 그리워하는 마음이나 시름.
• 故鄕(고향) : 태어나서 자란 곳. 조상 때부터 대대로 살아온 곳.

里 마을 **리**　愁 근심 **수**　故 연고 **고**

**香**

훈 향기　음 향

향기롭다, 아름다움

香(향기 향)부, ⓪ 9획

회의자

벼 화(禾)와 달 감(日 · 甘).
술 따위의 제물에서 나는 '향기' 를 뜻한다.

• 香氣(향기) : 꽃이나 향에서 나는 기분 좋은 냄새.
• 香水(향수) : 향기로운 냄새가 나는 액체 화장품.
• 香草(향초) : 향기나는 풀.

氣 기운 **기**　水 물 **수**　草 풀 **초**

虚



헛되다, 비우다, 약하다

虍(범호엄)부, ⑥ 12획

약 虛　반 滿 찰 만　동 空 빌 공

형성자　범 무늬 호(虍)와 언덕 구(业·丘).
큰 언덕을 뜻하였으나 변하여, '비다, 헛됨'을
뜻한다.

• 虛空(허공) : 아무것도 없는 텅 빈 공간.
• 虛費(허비) : 헛되이 씀. 또는 그 비용.
• 虛張聲勢(허장성세) : 실력이 없으면서 허세로 떠벌림.

空 빌 공　費 쓸 비　張 베풀 장　聲 소리 성　勢 형세 세

虛

---

驗



증험하다, 증거, 조사

馬(말 마)부, ⑬ 23획

간 验　약 験　동 試 시험 시

형성자　말 마(馬)와 다 첨(僉).
여러 사람이 모여 말의 좋고 나쁨을 가려내는
것으로, '시험, 증험하다'를 뜻한다.

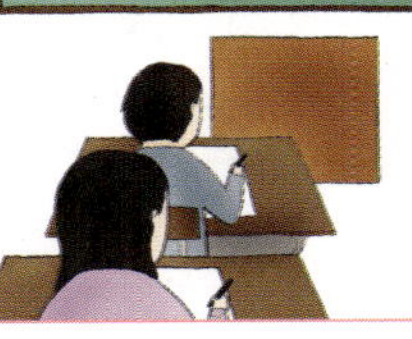


• 經驗(경험) : 몸소 겪고 치러 봄. 실지로 보고 얻은 지식.
• 試驗(시험) : 어떤 사물의 능력 등을 실지로 증험하여 봄.
• 證驗(증험) : 증거, 또는 증거를 내세움.

經 지날/글 경　試 시험 시　證 증거 증

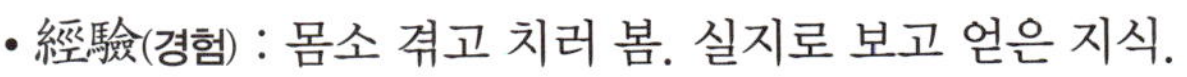

驗

# 賢



형성자  굳을 견(臤 · 堅)과 조개 패(貝).
굳은 재물을 베푸는 것으로, '어질다' 를
뜻한다.

- 賢明(현명) : 어질고 사리에 밝음.
- 賢母良妻(현모양처) : 어진 어머니이면서 또한 착한 아내.
- 賢人(현인) : 어진 사람. 성인 다음 가는 어질고 총명한 사람.

明 밝을 **명**   母 어미 **모**   良 어질 **량**   妻 아내 **처**   人 사람 **인**

훈 어질  음 현

현명한 사람, 낫다

貝(조개 패)부, ⑧ 15획

---

# 血

상형자
제사 때 희생의 피를 그릇에 담은 모양을
본떠, '피' 를 뜻한다.

- 血氣(혈기) : 목숨을 유지하는 피와 기운. 격동하기 쉬운 기운.
- 血肉(혈육) : 피와 살. 부모 · 형제와 자손.
- 血統(혈통) : 같은 핏줄을 타고난 겨레붙이의 계통. 家系(가계).

氣 기운 **기**   肉 고기 **육**   統 거느릴 **통**   系 이어맬 **계**

훈 피  음 혈

골육, 상처, 물들이다

血(피 혈)부, ⓪ 6획

## 協

**훈** 화할　**음** 협

일치하다, 돕다, 협력

十(열 십)부, ⑥ 8획

**간** 协　**반** 競 다툴 **경**　**동** 和 화할 **화**

**회의자** 열 십(十)에 힘을 같이 할 협(劦).
많은 사람이 힘을 합치는 것으로, '화합' 을
뜻한다.

- 協同(협동) : (어떤 일을 함에) 마음과 힘을 합함.
- 協力(협력) : 서로 돕는 마음으로 힘을 모음.
- 協助(협조) : 남이 하는 일을 거들어 줌. 도와줌.

同 한가지 **동**　力 힘 **력**　助 도울 **조**

一 十 忄 忚 恊 協 協 協

## 惠

**훈** 은혜　**음** 혜:

혜택, 착하다, 인자하다

心(마음 심)부, ⑧ 12획

**약** 恵　**동** 恩 은혜 **은**

**회의자** 삼갈 전(叀)과 가음 심(心).
언행을 삼가고 어진 마음을 베푸는 것으로,
'은혜' 를 뜻한다.

- 惠存(혜존) : 자기 작품을 '받아 간직해 주십시오.' 라는 뜻으로 씀.
- 惠澤(혜택) : 은혜와 덕택. 사람들에게 주는 이익과 도움.
- 恩惠(은혜) : 자연이나 남에게서 받는 고마운 혜택.

存 있을 **존**　澤 못 **택**　恩 은혜 **은**

一 ー 一 一 一 車 車 車 車 惠 惠 惠

# 呼

**훈** 부를 **음** 호

외치다, 숨 내쉬다

口(입 구)부, ⑤ 8획



형성자  입 구(口)와 온 호(乎 : 부르다). 乎(호)가 조사로 쓰이게 되자 뒤에 口(구)를 더했다. 乎(호)는 내쉬는 숨이 위로 뻗치어 분산되는 모양.

- 呼氣(호기) : 내쉬는 숨. 날숨.
- 呼名(호명) : 이름을 부름.
- 呼訴(호소) : 억울하거나 원통한 사정을 남에게 하소연함.

氣 기운 **기**   名 이름 **명**   訴 호소할 **소**

ㅣ ㅁ ㅁ ㅁ゛ ㅁ゛ ㅁ゛ ㅁ゛ 呼

呼

---

# 好

**훈** 좋을 **음** 호:

좋아하다, 사이가 좋다

女(계집 녀)부, ③ 6획



회의자  계집 녀(女)와 아들 자(子). 어머니인 여자가 아이를 안고 있는 것으로, '좋다, 좋아하다' 를 뜻한다.

- 好感(호감) : 좋게 여기는 감정.
- 好意(호의) : 남에게 보이는 친절한 마음씨. 반 惡意(악의)
- 愛好(애호) : 어떤 것을 사랑하고 즐김.

感 느낄 **감**   意 뜻 **의**   惡 악할 **악**, 미워할 **오**   愛 사랑 **애**

し ㄑ 女 女゛ 好 好

好

"""

## 戶

훈 집 음 호:

지게문, 출입구

戶(지게 호)부, ⓪ 4획



두 짝으로 된 문의 한 짝, '지게문, 외짝문'을 본뜬 글자로, '지게문, 집'을 뜻한다.

- 戶口(호구) : 호수와 식구. 집과 사람의 수효.
- 戶主(호주) : 법적으로 가족을 대표하는 사람.
- 家家戶戶(가가호호) : 각 집. 또는 낱낱의 모든 집.

口 입 구    主 임금/주인 주    家 집 가

`丶 𠃌 彐 戶`

---

## 護

훈 도울 음 호:

보호하다, 지키다

言(말씀 언)부, ⑭ 21획

간 护    동 保 지킬 보



말씀 언(言)과 잡을 획(蒦).
말로 붙잡는 것으로, '보호하다, 돕다'를 뜻한다.

- 護國(호국) : 나라를 외적으로부터 지킴.
- 護身(호신) : 외부의 위험으로부터 자기 몸을 지킴. 몸을 보호함.
- 保護(보호) : 약한 것을 잘 돌보아 지킴.

國 나라 국    身 몸 신    保 지킬 보

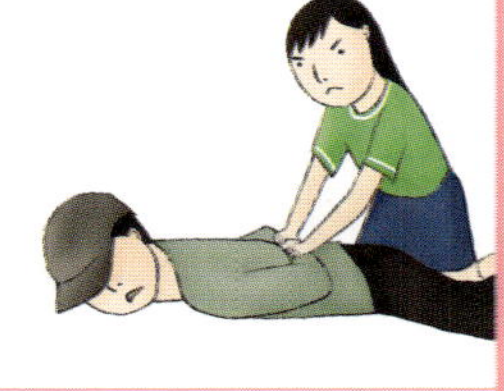

`丶 亠 二 言 言 言 言 言 訁 訁 訏 訏 護 護 護 護 護 護 護 護`

貨



형성자  바뀔 화(化)와 조개 패(貝).
돈이 되는 물건으로, '재물, 재화'를 뜻한다.

훈 재물   음 화:

재화, 화폐, 화물

貝(조개 패)부, ④ 11획

- 貨物(화물) : 기차나 배·자동차 등에 실어 나르는 짐.
- 貨幣(화폐) : 돈. 상품 교환의 매개물로, 가치의 척도로 쓰이는 물건.
- 財貨(재화) : 돈이나 값이 나가는 물건. 財物(재물).

物 물건 물   幣 화폐 폐   財 재물 재

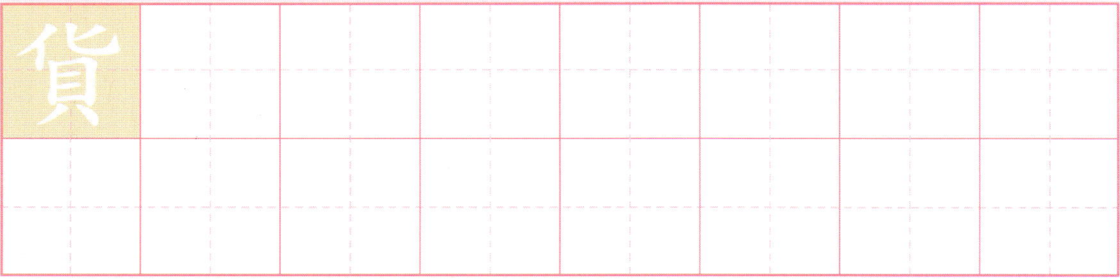

확

확

훈 굳을   음 확

확실하다, 단단하다

石(돌 석)부, ⑩ 15획

간 确   동 固 굳을 고   堅 굳을 견

형성자  돌 석(石)과 새 높이 날 학(隺).
지조가 높고 의지가 돌처럼 굳다는 것으로,
'확실하다, 굳다'를 뜻한다.

- 確固(확고) : 확실하고 견고함. 마음이 단단히 정하여 있음.
- 確保(확보) : 확실히 지님. 확실히 보증함.
- 確信(확신) : 확실히 믿음. 굳게 믿음.

固 굳을 고   保 지킬 보   信 믿을 신

# 回

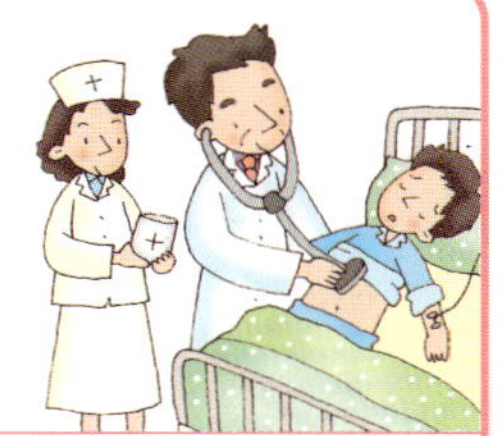


물건이 일정한 곳을 중심으로 빙빙 도는
모양으로, '돌다, 돌아오다'를 뜻한다.

**훈** 돌아올　**음** 회

돌다, 돌이키다, 횟수

口(큰입구몸)부, ③ 6획

- 回歸(회귀) : 한 바퀴 돌아 다시 본디의 자리로 돌아옴.
- 回答(회답) : 물음에 대하여 대답함.
- 回復(회복) : 이전 상태로 돌아옴.

歸 돌아갈 **귀**　答 대답 **답**　復 회복할 **복**, 다시 **부**

ㅣ ㄇ ㄇ ㄇ 回 回

|  |  |  |  |  |  |  |  |
|---|---|---|---|---|---|---|---|
| 回 |  |  |  |  |  |  |  |
|  |  |  |  |  |  |  |  |

# 吸

입 구(口)와 미칠 급(及).
입으로 들이쉬는 숨이 폐에 미치는 것으로,
'숨 들이쉬다'를 뜻한다.

**훈** 마실　**음** 흡

숨 들이쉬다, 빨다

口(입 구)부, ④ 7획

- 吸氣(흡기) : 숨을 들이마심. 기운을 빨아들임.
- 吸收(흡수) : 빨아들임. 밖에 흩뿌려진 물건을 한데 모아들임.
- 吸着(흡착) : 달라붙음.

氣 기운 **기**　收 거둘 **수**　着 붙을 **착**

ㅣ ㄇ ㅁ ㅁ 吸 吸 吸

|  |  |  |  |  |  |  |  |
|---|---|---|---|---|---|---|---|
| 吸 |  |  |  |  |  |  |  |
|  |  |  |  |  |  |  |  |

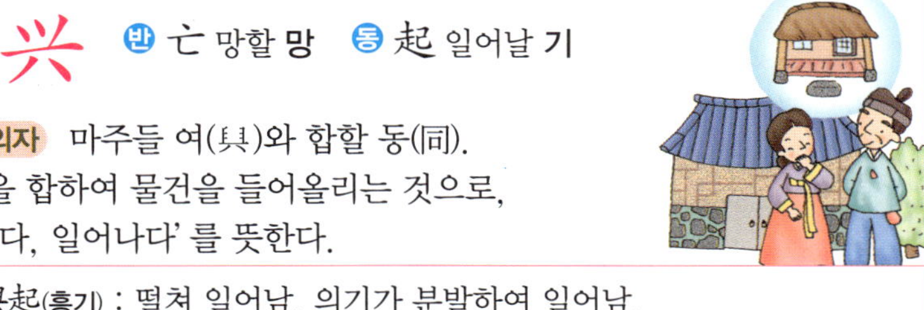

**興**

**훈** 일 **음** 흥(:)

번성하다, 일어나다

臼(절구 구)**부**, ⑨ 16획



**회의자** 마주들 여(舁)와 합할 동(同).
힘을 합하여 물건을 들어올리는 것으로,
'일다, 일어나다' 를 뜻한다.

- 興起(흥기) : 떨쳐 일어남. 의기가 분발하여 일어남.
- 興亡盛衰(흥망성쇠) : 흥하고 망하고 성하고 쇠함.
- 興盡悲來(흥진비래) : 즐거움이 다하면 슬픔이 옴. 세상일이 돌고 돎.

起 일어날 **기**　盛 성할 **성**　衰 쇠할 **쇠**　盡 다할 **진**　悲 슬플 **비**

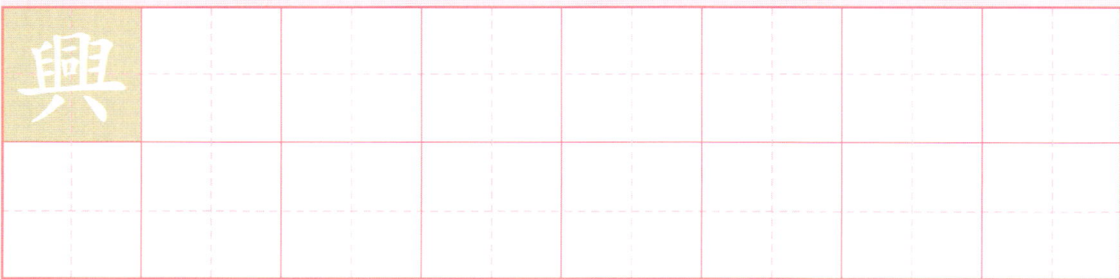

**希**

**훈** 바랄 **음** 희

드물다, 성기다

巾(수건 건)**부**, ④ 7획



**회의자** 사귈 효(爻 : 직물의 천)와 수건 건(巾).
무늬를 넣어 아름답게 짠 천으로 '드물다,
바라다' 를 뜻한다.

- 希求(희구) : 원하고 바람. 바라며 구함.
- 希冀(희기) : 희망하고 바람.
- 希望(희망) : 어떤 일을 이루거나 얻고자 기대하고 바람.

求 구할 **구**　冀 바랄 **기**　望 바랄 **망**

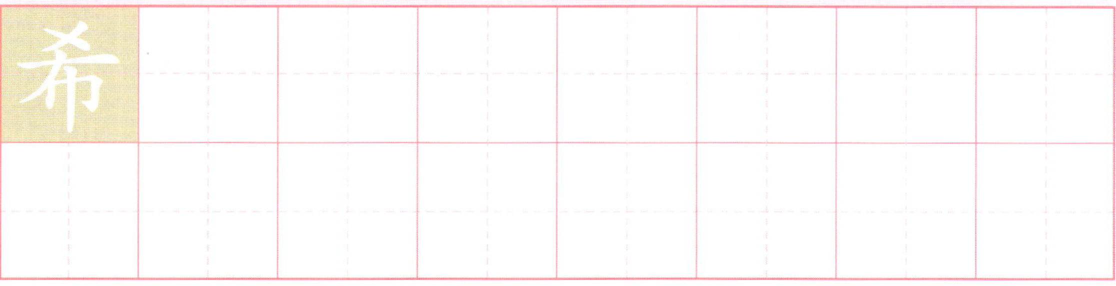

# [제5회] 한자능력검정시험 4급 II 예상 문제

## 1. 다음 밑줄 친 漢字語의 讀音을 쓰시오.(1~35)

1  올챙이가 개구리로 성장하는 과정을 觀察해 보자.  [          ]

2  우리는 새로운 민족 문화를 創造해야 한다.  [          ]

3  그는 맡은 업무를 능률적으로 處理하였다.  [          ]

4  할아버지는 6·25전쟁 때 입은 銃傷으로 다리가 불편하시다.  [          ]

5  부정으로 蓄積한 자의 재산은 몰수해야 마땅하다.  [          ]

6  어려서부터 忠孝 사상을 가르쳐야 사회가 밝다.  [          ]

7  삼촌은 시험에 합격하여 법무사 자격증을 取得하였다.  [          ]

8  학교 교육이 입시에만 置重하고 있다.  [          ]

9  오후에는 齒科에 들르기로 예약이 되어 있다.  [          ]

10  快晴한 날씨에 봄나들이를 가네요.  [          ]

11  민수는 화가 나서 금방이라도 덤벼들 態勢였다.  [          ]

12  사고 소식에 달려갔으나 경찰이 統制하고 있었다.  [          ]

13  석유 波動으로 경제난이 심각한 적이 있었다.  [          ]

14  그 회사는 부도가 나서 破産 직전에 있다.  [          ]

15  나는 어머니께 드릴 선물을 예쁘게 包裝하였다.  [          ]

16  아군은 적군을 향해 砲擊을 가했다.  [          ]

17  우리는 여행하기 위해 車票를 미리 사두었다.  [          ]

18  사람의 능력에는 限界가 있다.  [          ]

19  짙은 안개로 空港이 마비되었다.  [          ]

20 비행기가 航路를 이탈하면 위험하다. [          ]

21 그는 머나먼 타국에서 밤이면 鄕愁에 시달렸다. [          ]

22 라일락 香氣 그윽한 싱그러운 5월의 아침. [          ]

23 갑자기 가족과 재산을 잃어 인생의 虛無를 느꼈다. [          ]

24 신중히 생각하셔서 賢明한 판단을 내리십시오. [          ]

25 온 마을 사람들이 協同하여 수해를 복구했다. [          ]

26 그는 나에게 자신의 억울함을 呼訴하였다. [          ]

27 護國 영령에게 묵념을 올립시다. [          ]

28 필요한 인원을 충분히 確保해 놓았다. [          ]

29 빠른 시일 내에 확실한 回答을 보내주시기 바랍니다. [          ]

30 吸煙은 다른 사람에게도 피해를 줍니다. [          ]

31 한 나라의 興亡盛衰는 그 나라 국민의 마음가짐에 달려 있다. [          ]

32 장래의 希望을 말해 보자. [          ]

33 나는 그에게 好意를 가지고 있다. [          ]

34 우리는 자연의 惠澤을 입으면서도 그것을 모르고 있다. [          ]

35 선거를 앞두고 각 후보들은 總力을 기울였다. [          ]

## 2. 다음 漢字의 訓과 音을 쓰시오. (36~57)

| 例 | 字 → 글자 자 |
|---|---|

36 請 [          ]  37 銃 [          ]  38 忠 [          ]

39 蟲 [          ]  40 取 [          ]  41 齒 [          ]

42 侵 [          ]  43 快 [          ]  44 態 [          ]

45 統 [          ]　　46 波 [          ]　　47 破 [          ]

48 包 [          ]　　49 砲 [          ]　　50 暴 [          ]

51 票 [          ]　　52 限 [          ]　　53 港 [          ]

54 解 [          ]　　55 鄕 [          ]　　56 確 [          ]

57 吸 [          ]


## 3. 다음 문장에서 밑줄 친 漢字語를 漢字로 쓰시오.(58~67)

58 재화에 눈이 멀어 너의 소중한 양심을 팔지 마라.　[          ]

59 이긴다는 확신을 갖고 경기에 임하여라.　[          ]

60 나는 너의 장래가 잘되기를 희구하는 바이다.　[          ]

61 공사 현장을 시찰하고 돌아왔다.　[          ]

62 이  회사는 창립된 지 50년이 지났다.　[          ]

63 마을 사람들이 학교를 새로 지어줄 것을 청원해 왔다.　[          ]

64 무량수전은 고려 시대의 대표적인 목조 건축이다.　[          ]

65 너의 충고를 고맙게 받아들이겠다.　[          ]

66 충치는 빨리 치료해야 한다.　[          ]

67 나무의 나이는 나이테로 측정할 수 있다.　[          ]


## 4. 다음 (  ) 안의 뜻풀이를 참고하여 제시된 漢字語를 漢字로 쓰시오.(68~77)

68 치석(이의 표면에 석회분이 굳어진 물질) ·········· [          ]

69 침공(남의 나라를 침범하여 공격함) ·········· [          ]

70 쾌감(상쾌하고 즐거운 느낌) ·········· [          ]

71 통일(갈라진 여럿을 모아 하나로 만듦) ·················· [           ]

72 퇴원(입원 생활을 마치고 병원에서 나옴) ·················· [           ]

73 파손(깨어져 못쓰게 됨) ·················· [           ]

74 포고(국가의 결정을 세상에 널리 알림) ·················· [           ]

75 폭풍(몹시 세차게 부는 바람) ·················· [           ]

76 풍족(매우 넉넉하여 모자람이 없음) ·················· [           ]

77 해결(얽힌 일을 풀어서 처리함) ·················· [           ]


5. 다음 漢字語와 서로 反對語가 되도록 (   ) 안에 알맞은 漢字를 써 넣으시오.(78~80)

78 入院 - (        )院    79 凶年 - (        )年    80 惡意 - (        )意


6. 다음 漢字와 뜻이 같거나 비슷한 漢字를 넣어 漢字語를 완성하시오.(81~83)

81 保[        ]        82 [        ]起        83 貯[        ]


7. 다음 (   ) 안에 알맞은 漢字를 써서 四字成語를 완성하시오.(84~88)

84 (        )國安民 : 나라를 다스리고 백성을 편안하게 함.

85 置之(        )外 : 내버려두고 문제로 삼지 않음.

86 (        )衣寒士 : 벼슬이 없는 가난한 선비.

87 虛(        )聲勢 : 실력이 없으면서 허세로 떠벌림.

88 (        )母良妻 : 어진 어머니이면서 또한 착한 아내.

8. 다음 漢字語와 讀音은 같으나 뜻은 제시된 풀이에 맞는 漢字語가 되도록 (   ) 안에 漢字를 쓰시오.(89~91)

89 現命 …… (        )明 : 어질고 사리에 밝음.

90 哀呼 …… 愛(        ) : 어떤 것을 사랑하고 즐김.

91 窓戽 …… (        )造 : 처음으로 생각해 내어 만듦.


9. 다음 漢字의 略字를 쓰시오.(92~94)

92 處 [          ]      93 鄕 [          ]      94 齒 [          ]


10. 다음 漢字의 部首를 쓰시오.(95~97)

95 興 [          ]      96 處 [          ]      97 築 [          ]


11. 다음 漢字語의 뜻을 쓰시오.(98~100)

98 貯蓄 (                          )

99 忠誠 (                          )

100 解決 (                          )

# 4급 Ⅱ 배정 한자 250자

| | | | | | |
|---|---|---|---|---|---|
| 假<br>거짓 **가** | 街<br>거리 **가** | 減<br>덜 **감** | 監<br>볼 **감** | 康<br>편안할 **강** | 講<br>욀 **강** |
| 個<br>낱 **개** | 檢<br>검사할 **검** | 潔<br>깨끗할 **결** | 缺<br>이지러질 **결** | 境<br>지경 **경** | 慶<br>경사 **경** |
| 經<br>지날/글 **경** | 警<br>깨우칠 **경** | 係<br>맬 **계** | 故<br>연고 **고** | 官<br>벼슬 **관** | 句<br>글귀 **구** |
| 求<br>구할 **구** | 究<br>연구할 **구** | 宮<br>집 **궁** | 權<br>권세 **권** | 極<br>다할/극진할 **극** | 禁<br>금할 **금** |
| 器<br>그릇 **기** | 起<br>일어날 **기** | 暖<br>따뜻할 **난** | 難<br>어려울 **난** | 努<br>힘쓸 **노** | 怒<br>성낼 **노** |
| 單<br>홑 **단** | 斷<br>끊을 **단** | 壇<br>박달나무 **단** | 端<br>끝 **단** | 達<br>통달할 **달** | 擔<br>멜 **담** |
| 黨<br>무리 **당** | 帶<br>띠 **대** | 隊<br>무리 **대** | 導<br>인도할 **도** | 毒<br>독 **독** | 督<br>감독할 **독** |
| 銅<br>구리 **동** | 斗<br>말 **두** | 豆<br>콩 **두** | 得<br>얻을 **득** | 燈<br>등 **등** | 羅<br>벌일 **라** |
| 兩<br>두 **량** | 麗<br>고울 **려** | 連<br>이을 **련** | 列<br>벌일 **렬** | 錄<br>기록할 **록** | 論<br>논할 **론** |
| 留<br>머무를 **류** | 律<br>법칙 **률** | 滿<br>찰 **만** | 脈<br>줄기 **맥** | 毛<br>터럭 **모** | 牧<br>칠 **목** |

| | | | | | |
|---|---|---|---|---|---|
| 務 | 武 | 味 | 未 | 密 | 博 |
| 힘쓸 **무** | 호반 **무** | 맛 **미** | 아닐 **미** | 빽빽할 **밀** | 넓을 **박** |
| 房 | 訪 | 防 | 拜 | 背 | 配 |
| 방 **방** | 찾을 **방** | 막을 **방** | 절 **배** | 등 **배** | 나눌/짝 **배** |
| 伐 | 罰 | 壁 | 邊 | 保 | 報 |
| 칠 **벌** | 벌할 **벌** | 벽 **벽** | 가 **변** | 지킬 **보** | 갚을/알릴 **보** |
| 寶 | 步 | 副 | 婦 | 富 | 府 |
| 보배 **보** | 걸음 **보** | 버금 **부** | 며느리 **부** | 부자 **부** | 마을/관청 **부** |
| 復 | 佛 | 備 | 悲 | 非 | 飛 |
| 회복할 **복**, 다시 **부** | 부처 **불** | 갖출 **비** | 슬플 **비** | 아닐 **비** | 날 **비** |
| 貧 | 師 | 寺 | 舍 | 謝 | 殺 |
| 가난할 **빈** | 스승 **사** | 절 **사** | 집 **사** | 사례할 **사** | 죽일 **살**, 감할 **쇄** |
| 常 | 床 | 想 | 狀 | 設 | 城 |
| 떳떳할 **상** | 상 **상** | 생각 **상** | 형상 **상**, 문서 **장** | 베풀 **설** | 재 **성** |
| 星 | 盛 | 聖 | 聲 | 誠 | 勢 |
| 별 **성** | 성할 **성** | 성인 **성** | 소리 **성** | 정성 **성** | 형세 **세** |
| 稅 | 細 | 掃 | 笑 | 素 | 俗 |
| 세금 **세** | 가늘 **세** | 쓸 **소** | 웃음 **소** | 본디/흴 **소** | 풍속 **속** |
| 續 | 送 | 修 | 受 | 守 | 授 |
| 이을 **속** | 보낼 **송** | 닦을 **수** | 받을 **수** | 지킬 **수** | 줄 **수** |

| 收 | 純 | 承 | 施 | 是 | 視 |
|---|---|---|---|---|---|
| 거둘 **수** | 순수할 **순** | 이을 **승** | 베풀 **시** | 이/옳을 **시** | 볼 **시** |
| 試 | 詩 | 息 | 申 | 深 | 眼 |
| 시험 **시** | 시 **시** | 쉴 **식** | 납 **신** | 깊을 **심** | 눈 **안** |
| 暗 | 壓 | 液 | 羊 | 如 | 餘 |
| 어두울 **암** | 누를 **압** | 진 **액** | 양 **양** | 같을 **여** | 남을 **여** |
| 逆 | 演 | 煙 | 硏 | 榮 | 藝 |
| 거스를 **역** | 펼 **연** | 연기 **연** | 갈 **연** | 영화 **영** | 재주 **예** |
| 誤 | 玉 | 往 | 謠 | 容 | 員 |
| 그르칠 **오** | 구슬 **옥** | 갈 **왕** | 노래 **요** | 얼굴 **용** | 인원 **원** |
| 圓 | 爲 | 衛 | 肉 | 恩 | 陰 |
| 둥글 **원** | 하/할 **위** | 지킬 **위** | 고기 **육** | 은혜 **은** | 그늘 **음** |
| 應 | 義 | 議 | 移 | 益 | 印 |
| 응할 **응** | 옳을 **의** | 의논할 **의** | 옮길 **이** | 더할 **익** | 도장 **인** |
| 引 | 認 | 將 | 障 | 低 | 敵 |
| 끌 **인** | 알 **인** | 장수 **장** | 막을 **장** | 낮을 **저** | 대적할 **적** |
| 田 | 絶 | 接 | 政 | 程 | 精 |
| 밭 **전** | 끊을 **절** | 이을 **접** | 정사 **정** | 한도/길 **정** | 정할 **정** |
| 制 | 提 | 濟 | 祭 | 製 | 除 |
| 절제할 **제** | 끌 **제** | 건널 **제** | 제사 **제** | 지을 **제** | 덜 **제** |

# 4급 Ⅱ 배정 한자 250자

| | | | | | | |
|---|---|---|---|---|---|---|
| 際<br>즈음/가 **제** | 助<br>도울 **조** | 早<br>이를 **조** | 造<br>지을 **조** | 鳥<br>새 **조** | 尊<br>높을 **존** | 宗<br>마루 **종** |
| 走<br>달릴 **주** | 竹<br>대 **죽** | 準<br>준할 **준** | 衆<br>무리 **중** | 增<br>더할 **증** | 志<br>뜻 **지** | 指<br>가리킬 **지** |
| 支<br>지탱할 **지** | 至<br>이를 **지** | 職<br>직분 **직** | 眞<br>참 **진** | 進<br>나아갈 **진** | 次<br>버금 **차** | 察<br>살필 **찰** |
| 創<br>비롯할 **창** | 處<br>곳 **처** | 請<br>청할 **청** | 總<br>다 **총** | 銃<br>총 **총** | 築<br>쌓을 **축** | 蓄<br>모을 **축** |
| 忠<br>충성 **충** | 蟲<br>벌레 **충** | 取<br>가질 **취** | 測<br>헤아릴 **측** | 治<br>다스릴 **치** | 置<br>둘 **치** | 齒<br>이 **치** |
| 侵<br>침노할 **침** | 快<br>쾌할 **쾌** | 態<br>모습 **태** | 統<br>거느릴 **통** | 退<br>물러날 **퇴** | 波<br>물결 **파** | 破<br>깨뜨릴 **파** |
| 包<br>쌀 **포** | 布<br>베/펼 **포**, 보시 **보** | 砲<br>대포 **포** | 暴<br>사나울 **폭**, 모질 **포** | 票<br>표 **표** | 豊<br>풍년 **풍** | 限<br>한할 **한** |
| 港<br>항구 **항** | 航<br>배 **항** | 解<br>풀 **해** | 鄕<br>시골 **향** | 香<br>향기 **향** | 虛<br>빌 **허** | 驗<br>시험 **험** |
| 賢<br>어질 **현** | 血<br>피 **혈** | 協<br>화할 **협** | 惠<br>은혜 **혜** | 呼<br>부를 **호** | 好<br>좋을 **호** | 戶<br>집 **호** |
| 護<br>도울 **호** | 貨<br>재물 **화** | 確<br>굳을 **확** | 回<br>돌아올 **회** | 吸<br>마실 **흡** | 興<br>일 **흥** | 希<br>바랄 **희** |

# 한자능력검정시험 안내

| | |
|---|---|
| 주　　관 | 사단법인 한국어문회 |
| 시　　행 | 한국한자능력검정회 |
| 구　　분 | • 교육급수 : 8급 · 7급 · 6급Ⅱ · 6급 · 5급 · 4급Ⅱ · 4급<br>• 공인급수 : 3급Ⅱ · 3급 · 2급 · 1급 |
| 급수별 합격기준 | 1급은 출제 문항수의 80% 이상, 2급~8급은 70% 이상 득점하면 합격입니다. |

| 급수별 합격 기준 | 8급 | 7급 | 6급Ⅱ | 6급 | 5급 | 4급Ⅱ | 4급 | 3급Ⅱ | 3급 | 2급 | 1급 |
|---|---|---|---|---|---|---|---|---|---|---|---|
| 출제 문항수 | 50 | 70 | 80 | 90 | 100 | 100 | 100 | 150 | 150 | 150 | 200 |
| 합격 문항수 | 35 | 49 | 56 | 63 | 70 | 70 | 70 | 105 | 105 | 105 | 160 |
| 시험 시간(분) | | | | 50 | | | | | 60 | | 90 |

## 유형별 출제 문항수

• 상위급수 한자는 모두 하위급수 한자를 포함하고 있습니다.

• 쓰기 배정 한자는 한두 아래 급수의 읽기 배정 한자이거나 그 범위 내에 있습니다.

• 아래의 출제 유형 기준표는 기본 지침 자료로서 출제자의 의도에 따라 약간의 차이가 있을 수 있습니다.

| 유형별 출제 문항수 | 8급 | 7급 | 6급Ⅱ | 6급 | 5급 | 4급Ⅱ | 4급 | 3급Ⅱ | 3급 | 2급 | 1급 |
|---|---|---|---|---|---|---|---|---|---|---|---|
| 읽기 배정 한자 | 50 | 150 | 225 | 300 | 500 | 750 | 1,000 | 1,500 | 1,817 | 2,355 | 3,500 |
| 쓰기 배정 한자 | 0 | 0 | 50 | 150 | 300 | 400 | 500 | 750 | 1,000 | 1,817 | 2,005 |
| 독 음 | 24 | 32 | 32 | 33 | 35 | 35 | 32 | 45 | 45 | 45 | 50 |
| 훈 음 | 24 | 30 | 29 | 22 | 23 | 22 | 22 | 27 | 27 | 27 | 32 |
| 장단음 | 0 | 0 | 0 | 0 | 0 | 0 | 3 | 5 | 5 | 5 | 10 |
| 반의어 | 0 | 2 | 2 | 3 | 3 | 3 | 3 | 10 | 10 | 10 | 10 |
| 완성형 | 0 | 2 | 2 | 3 | 4 | 5 | 5 | 10 | 10 | 10 | 15 |
| 부 수 | 0 | 0 | 0 | 0 | 0 | 3 | 3 | 5 | 5 | 5 | 10 |
| 동의어 | 0 | 0 | 0 | 2 | 3 | 3 | 3 | 5 | 5 | 5 | 10 |
| 동음이의어 | 0 | 0 | 0 | 2 | 3 | 3 | 3 | 5 | 5 | 5 | 10 |
| 뜻풀이 | 0 | 2 | 2 | 2 | 3 | 3 | 3 | 5 | 5 | 5 | 10 |
| 약 자 | 0 | 0 | 0 | 0 | 3 | 3 | 3 | 3 | 3 | 3 | 3 |
| 한자쓰기 | 0 | 0 | 10 | 20 | 20 | 20 | 20 | 30 | 30 | 30 | 40 |

※ 이 외에 한국한자급수자격평가원 검정시험, 대한민국한자급수자격검정회 검정시험, 한국외국어자격평가원 검정시험 등이 있습니다.

문 항 수 : 100문항<br>
합격문항 : 70문항<br>
제한시간 : 50분

# [제1회] 한자능력검정시험 4급 Ⅱ 실전 문제

## 1. 다음 밑줄 친 漢字語의 讀音을 쓰시오. (1~35)

1  휴가철을 맞이하여 市街地가 텅 비었다.    [     ]

2  다음의 수를 減算하여 답하시오.    [     ]

3  우리는 깨끗한 환경을 살리기 위해 講究하기로 하였다.    [     ]

4  젊은이들이 저마다 個性 있는 의상을 입고 있었다.    [     ]

5  집안을 깨끗이 청소하여 淸潔을 유지하였다.    [     ]

6  어떠한 境遇에도 우리의 우정을 저버리지 말자.    [     ]

7  이 식품은 유통 기한이 經過한 상품입니다.    [     ]

8  다음 句節을 읽고 느낀 소감을 말하시오.    [     ]

9  젊은 사람이 求乞 행위를 해서야 되겠는가?    [     ]

10  TV 사극에서는 宮闕의 모습이 생생히 재연된다.    [     ]

11  휴양지에 모기떼들이 極盛을 부리고 있었다.    [     ]

12  실험실 器具를 소중히 다루며 학습하였다.    [     ]

13  소풍길에 갑자기 소나기가 내려 難關에 부딪혔다.    [     ]

14  斷絶된 외교 협상은 대화로 풀어야 한다.    [     ]

15  기원전 2333년을 원년으로 檀紀를 계산한다.    [     ]

16  도난 현장에서 범인의 端緖를 찾을 수 있었다.    [     ]

17  집을 擔保로 하여 은행에서 돈을 빌렸다.    [     ]

18  선조들의 黨派 싸움으로 국운이 쇠약해진 적이 있었다.    [     ]

19  너희 둘이 連帶하여 깨진 유리창 값을 물어내라.    [     ]

183

20 선생님은 학생들을 바른 길로 引導하신다. [          ]

21 뱀에게 물렸을 때에는 뱀의 毒氣를 빨리 빼내야 한다. [          ]

22 그동안 모은 銅錢으로 학용품을 살 수 있었다. [          ]

23 일제 시대에는 친일파가 得勢를 하였다. [          ]

24 종이를 아끼기 위해 兩面에 복사를 하였다. [          ]

25 먼 곳에 가 있더라도 편지 連絡을 자주 하자. [          ]

26 많은 사람의 전기를 차례로 기록한 책을 列傳이라 한다. [          ]

27 그는 論理 정연한 말로 관중을 사로잡았다. [          ]

28 나라가 정한 法律을 지키는 것이 국민의 도리이다. [          ]

29 그는 육군 병장으로 滿期 제대하였다. [          ]

30 아버지는 公務로 지방에 출장을 가셨다. [          ]

31 삼촌이 꼬마들을 모아 놓고 자신의 武勇을 뽐내었다. [          ]

32 나는 시의 구절을 吟味하면서 조용히 읊어 보았다. [          ]

33 아프리카의 密林은 동물의 왕국이다. [          ]

34 우리 선생님처럼 博識한 분은 없을 것이다. [          ]

35 드나들 적마다 房門을 꼭 닫도록 하거라. [          ]


## 2. 다음 漢字의 訓과 音을 쓰시오.(36~57)

| 例 | 定 → 정할 정 |
|---|---|

36 假 [          ]  37 監 [          ]  38 康 [          ]

39 個 [          ]  40 潔 [          ]  41 境 [          ]

42 經 [          ]  43 故 [          ]  44 官 [          ]

45 求 [          ]　　46 宮 [          ]　　47 器 [          ]

48 起 [          ]　　49 暖 [          ]　　50 努 [          ]

51 斷 [          ]　　52 端 [          ]　　53 達 [          ]

54 黨 [          ]　　55 隊 [          ]　　56 督 [          ]

57 得 [          ]


## 3. 다음 (  ) 안의 뜻풀이를 참고하여 제시된 漢字語를 漢字로 쓰시오.(58~67)

58 나열(죽 벌이어 놓음. 진열. 죽 늘어놓음) ············· [          ]

59 양친(아버지와 어머니. 부모) ············· [          ]

60 연결(서로 이어서 맺음. 서로 맺어서 이음) ············· [          ]

61 녹화(비디오 테이프에 영상을 기록함) ············· [          ]

62 유치(남의 물건을 맡아 둠) ············· [          ]

63 목가(목동이나 목자의 노래. 전원을 주제로 한 시가나 가곡) ·· [          ]

64 미래(아직 다가오지 않은 때. 장래) ············· [          ]

65 밀약(비밀히 약속함. 비밀 약속) ············· [          ]

66 박학(학식이 넓고 아는 것이 많음) ············· [          ]

67 탐방(어떤 사실을 알기 위해 직접 찾아봄) ············· [          ]


## 4. 다음 문장에서 밑줄 친 漢字語를 漢字로 쓰시오.(68~77)

68 방비가 허술한 틈을 타 적군이 쳐들어왔다.　　[          ]

69 설날 아침 차례를 지내고 조상께 배례하였다.　　[          ]

70 독립 운동을 하던 그는 동료의 배신으로 체포당했다.　[          ]

71 수재민에게 구호 물자를 배급해 주었다. [          ]

72 무분별한 벌목으로 산림이 크게 훼손되었다. [          ]

73 음주 운전을 근절하기 위해 벌칙을 강화하였다. [          ]

74 방의 벽지를 새로 발랐더니 분위기가 달라졌다. [          ]

75 그가 정직한 사람이라는 것을 제가 보증합니다. [          ]

76 나는 그의 친절에 보답하고 싶었다. [          ]

77 산적들은 동굴에 보물을 숨겨 놓았습니다. [          ]

## 5. 다음 ( ) 안에 알맞은 漢字를 써서 四字成語를 완성하시오. (78~82)

78 信(          )必罰 : 상벌을 규정대로 분명하게 함.

79 一(          )相通 : 성질, 생각 등이 어떤 면에서 한가지로 서로 통함.

80 (          )場一致 : 그 자리에 있는 모든 사람들의 의견이 완전히 일치하는 일.

81 (          )功行賞 : 공(功)의 유무에 따라 알맞은 상을 내림.

82 連戰(          )勝 : 싸울 때마다 잇따라 이김.

## 6. 다음 漢字와 뜻이 反對 또는 相對되는 漢字를 쓰시오. (83~85)

83 斷 ↔ [          ]　　84 武 ↔ [          ]　　85 未 ↔ [          ]

## 7. 다음 漢字와 뜻이 같거나 비슷한 漢字를 쓰시오. (86~88)

86 探 - [          ]　　87 見 - [          ]　　88 器 - [          ]

**8. 다음 漢字語와 讀音은 같으나 제시된 풀이에 맞는 漢字語가 되도록 (   ) 안에 漢字를 쓰시오.** (89~91)

89 別介 – 別(        ) : 서로 구별이 되어 다른 것.

90 決元 – (        )員 : 정한 인원에서 사람이 빠짐. 모자라는 인원수.

91 單政 – (        )正 : 옷차림이나 몸가짐 등이 흐트러짐 없이 바르다.

**9. 다음 漢字의 略字를 쓰시오.** (92~94)

92 斷 [        ]        93 邊 [        ]        94 寶 [        ]

**10. 다음 漢字의 部首를 쓰시오.** (95~97)

95 步 [        ]        96 罰 [        ]        97 導 [        ]

**11. 다음 漢字語의 뜻을 쓰시오.** (98~100)

98 檢問 (                        )

99 得票 (                        )

100 擔任 (                        )

# [제2회] 한자능력검정시험 4급 II 실전 문제

## 1. 다음 밑줄 친 漢字語의 讀音을 쓰시오. (1~35)

1  시험에 對備하여 미리 준비를 하였다.　　　　[　　　　]

2  관민이 합동으로 수해 復舊에 구슬땀을 흘렸다.　　　　[　　　　]

3  공직자의 非理는 엄하게 단죄해야 한다.　　　　[　　　　]

4  후진국일수록 貧富의 차가 심하다.　　　　[　　　　]

5  우리나라에는 유서 깊은 寺刹이 많이 있다.　　　　[　　　　]

6  이 아이를 찾아 주시면 후히 謝禮하겠습니다.　　　　[　　　　]

7  6·25전쟁 때 북한군은 죄없는 양민을 殺傷하였다.　　　　[　　　　]

8  일년 내내 늘푸른 나무를 常綠樹라 한다.　　　　[　　　　]

9  미래의 세계에 대해 想像의 날개를 펴자.　　　　[　　　　]

10  여러분의 인생은 스스로 設計해야 합니다.　　　　[　　　　]

11  빚을 갚으라는 재촉이 星火같다.　　　　[　　　　]

12  8·15 광복절을 맞이해 聲明書를 발표하였다.　　　　[　　　　]

13  보잘것없는 선물이지만 제 誠意로 받아 주십시오.　　　　[　　　　]

14  장인의 손길을 거쳐 섬세하게 細工된 반지.　　　　[　　　　]

15  우리의 전통 민속 놀이가 점차 掃滅되어 가고 있다.　　　　[　　　　]

16  그녀가 입가에 微笑를 띠며 바라보았다.　　　　[　　　　]

17  농촌 생활을 素材로 한 장편 소설.　　　　[　　　　]

18  회의를 다시 續開하겠습니다.　　　　[　　　　]

19  그는 오랫동안 修養을 쌓아 인품이 훌륭하다.　　　　[　　　　]

20 선생님이 입상한 학생들에게 상장과 상품을 授與하셨다. [          ]

21 純潔한 당신의 사랑을 고이 간직하겠습니다.          [          ]

22 새로 정한 법령을 施行코자 합니다.          [          ]

23 視聽覺 교육은 어린이들에게 효율적입니다.          [          ]

24 그는 몇 번의 試圖 끝에 에베레스트 등반에 성공했다. [          ]

25 새로 이사했기에 전입을 申告합니다.          [          ]

26 알 수 없는 불안과 초조가 그를 壓迫하고 있었다.          [          ]

27 동양화는 餘白의 미를 잘 살려야 한다.          [          ]

28 그 배우는 주인공의 演技를 잘 소화해 냈다.          [          ]

29 지금부터 상고 시대에 관한 研究를 발표하겠습니다.          [          ]

30 그는 오래도록 부귀와 榮華를 누리며 살았다.          [          ]

31 자손이 귀한 집안에 玉童子가 태어났다.          [          ]

32 민중들 사이에 전해 내려오는 노래를 民謠라 한다.          [          ]

33 너의 잘못을 한 번만 容認할 테니 반성하도록 하라.          [          ]

34 爲政者들이 현명해야 백성도 현명하다.          [          ]

35 조상들의 陰德으로 우리가 복을 받는다고 생각하자.          [          ]


## 2. 다음 漢字의 訓과 音을 쓰시오.(36~57)

| 例 | 文 → 글월 문 |
|---|---|

36 副 [          ]     37 府 [          ]     38 備 [          ]

39 床 [          ]     40 想 [          ]     41 設 [          ]

42 星 [          ]     43 聲 [          ]     44 細 [          ]

45 笑 [ 　　　　 ] 　　46 送 [ 　　　　 ] 　　47 修 [ 　　　　 ]

48 授 [ 　　　　 ] 　　49 收 [ 　　　　 ] 　　50 施 [ 　　　　 ]

51 視 [ 　　　　 ] 　　52 試 [ 　　　　 ] 　　53 息 [ 　　　　 ]

54 液 [ 　　　　 ] 　　55 逆 [ 　　　　 ] 　　56 研 [ 　　　　 ]

57 藝 [ 　　　　 ]

## 3. 다음 ( ) 안의 뜻풀이를 참고하여 제시된 漢字語를 漢字로 쓰시오.(58~67)

58 부제(책이나 논문 등의 제목에 덧붙이는 제목) ······ [ 　　　　 ]

59 비품(업무에 필요하여 늘 갖추어 두는 물건) ········ [ 　　　　 ]

60 불경(불교의 가르침을 적은 경전) ············ [ 　　　　 ]

61 사범(학술이나 무예 등을 가르치는 사람) ··········· [ 　　　　 ]

62 사감(기숙사에서 기숙생의 생활을 감독하는 사람) · [ 　　　　 ]

63 상태(처해 있는 형편이나 모양) ··············· [ 　　　　 ]

64 설립(학교 · 회사 등의 단체나 기관을 새로 세움) ··· [ 　　　　 ]

65 세무(세금을 매기고 거두어들이는 행정 사무) ······ [ 　　　　 ]

66 속담(예부터 내려오는 교훈이나 풍자의 짧은 말) ··· [ 　　　　 ]

67 상속(다음 차례에 이어 주거나 이어 받음) ·········· [ 　　　　 ]

## 4. 다음 문장에서 밑줄 친 漢字語를 漢字로 쓰시오.(68~77)

68 위대한 예술은 우리에게 기쁨과 위안을 준다. 　　[ 　　　　 ]

69 내가 쓴 원고에서 잘못 쓴 오기를 찾아 주시오. 　　[ 　　　　 ]

70 우리의 가요는 일반 사람들에게 널리 애창된다. 　　[ 　　　　 ]

71 이 물건을 담을 만한 알맞은 용기를 찾아보자. [          ]

72 건강한 육체에 건전한 정신이 깃든다고 했다. [          ]

73 그들은 정의의 편에 서서 열심히 싸웠다. [          ]

74 학급 신문을 발행하자는 안건이 의결되었다. [          ]

75 시험에 떨어졌다고 비관해서는 안 된다. [          ]

76 그는 빈천한 집안에서 태어나 크게 성공하였다. [          ]

77 차가운 눈보라가 맹렬한 기세로 불어왔다. [          ]


**5. 다음 (  ) 안에 알맞은 漢字를 써서 四字成語를 완성하시오.**(78~82)

78 (　　　　)舊迎新: 묵은해를 보내고 새해를 맞이함.

79 (　　　　)申付託 : 여러 번 되풀이하여 간곡히 하는 부탁.

80 (　　　　)山幽谷 : 깊은 산속의 으슥한 골짜기.

81 (　　　　)中摸索 : 어둠 속에서 손으로 더듬어 물건을 찾음.

82 因果(　　　　)報 : 선악의 인연에 따라서 뒷날 길흉화복의 갚음을 받음.


**6. 다음 漢字와 뜻이 反對 또는 相對되는 漢字를 쓰시오.**(83~85)

83 夫 ↔ [　　　　]　　84 [　　　　] ↔ 喜　　85 [　　　　] ↔ 活


**7. 다음 漢字와 뜻이 같거나 비슷한 漢字를 쓰시오.**(86~88)

86 [　　　　] － 次　　87 與 － [　　　　]　　88 設 － [　　　　]

**8.** 다음 漢字語와 讀音은 같으나 제시된 풀이에 맞는 漢字語가 되도록 (   ) 안에
 漢字를 쓰시오.(89~91)

　　89 時備 – (　　　　)非 : 옳고 그름. 잘잘못. 옳고 그름을 따짐.

　　90 試火 – (　　　　)畫 : 시와 그림. 시가 적혀 있는 그림.

　　91 音羊 – 陰(　　　　) : 음과 양. 만물을 생성하는 두 기운.


**9.** 다음 漢字의 略字를 쓰시오.(92~94)

　　92 藝 [　　　　]　　　93 續 [　　　　]　　　94 榮 [　　　　]


**10.** 다음 漢字의 部首를 쓰시오.(95~97)

　　95 副 [　　　　]　　　96 師 [　　　　]　　　97 復 [　　　　]


**11.** 다음 漢字語의 뜻을 쓰시오.(98~100)

　　98 安息 (　　　　　　　　　　　　　)

　　99 榮光 (　　　　　　　　　　　　　)

　　100 笑談 (　　　　　　　　　　　　　)

# [제3회] 한자능력검정시험 4급 II 실전 문제

**1. 다음 밑줄 친 漢字語의 讀音을 쓰세요.** (1~35)

1 이 책은 1,000부를 印刷하였다. [          ]

2 나는 그 일의 중요성을 잘 認識하고 있다. [          ]

3 바다의 암초는 배가 항해하는 데 큰 障害가 된다. [          ]

4 이 상품은 행사 기간을 통하여 低價로 판매하고 있다. [          ]

5 그는 온갖 시련 속에서도 결코 絶望하지 않았다. [          ]

6 배가 우리 쪽으로 接近해 왔다. [          ]

7 그곳까지 가려면 걸어서 한 시간 程度 걸린다. [          ]

8 우리나라 헌법은 1948년 7월 17일에 制定되었다. [          ]

9 장애물이 모두 除去되었다. [          ]

10 나는 당신과 건실한 交際를 하고 싶소. [          ]

11 이번 일은 早速히 해결할 사항이다. [          ]

12 다수의 의견을 따르되, 소수의 의견도 尊重해야 한다. [          ]

13 허례 허식을 막기 위해 가정 의례 準則이 마련되었다. [          ]

14 수출량이 10퍼센트 정도 增加하였다. [          ]

15 수많은 애국 志士들이 목숨을 아끼지 않았다. [          ]

16 국민 연금은 60세부터 支給합니다. [          ]

17 학생으로서의 職分을 잊지 마라. [          ]

18 삼촌은 이번에 과장으로 進級하셨다. [          ]

19 약은 의사의 處方에 따라 지어야 합니다. [          ]

20 잡지사에서 원고를 請託해 왔다. [         ]

21 멀리서 '탕' 하고 한 방의 銃聲이 울렸다. [         ]

22 지난 밤의 갑작스런 폭우로 築臺가 무너졌다. [         ]

23 병이 나서 친구와의 약속을 取消하였다. [         ]

24 부상자들을 응급 措置하여 병원으로 옮겼다. [         ]

25 남의 사생활을 侵犯하지 마라. [         ]

26 잠시 잠깐의 快樂에 빠져서는 안된다. [         ]

27 統計에 의하면 우리나라 국민의 평균 수명이 72세라 한다. [         ]

28 그 사건은 전국에 큰 波紋을 일으켰다. [         ]

29 사람을 널리 包容할 줄 알아야 지도자가 된다. [         ]

30 우리의 협상은 어떠한 暴力도 용서치 않는다. [         ]

31 토의는 이것으로 끝내고 票決에 부치겠습니다. [         ]

32 부산과 인천은 우리나라에서 제일 큰 港口 도시이다. [         ]

33 선원들은 폭풍우와 싸우며 航海를 계속하였다. [         ]

34 이모의 몸에서는 좋은 香水 냄새가 풍겼다. [         ]

35 이번 여행에서 經驗한 것을 글로 써 보자. [         ]

## 2. 다음 漢字의 訓과 音을 쓰시오. (36~57)

| 例 | 校 → 학교 교 |
| --- | --- |

36 益 [         ]    37 低 [         ]    38 接 [         ]

39 政 [         ]    40 程 [         ]    41 制 [         ]

42 祭 [         ]    43 製 [         ]    44 除 [         ]

45 造 [          ]　　46 尊 [          ]　　47 準 [          ]

48 衆 [          ]　　49 指 [          ]　　50 至 [          ]

51 進 [          ]　　52 察 [          ]　　53 創 [          ]

54 處 [          ]　　55 總 [          ]　　56 築 [          ]

57 測 [          ]


## 3. 다음 문장에서 밑줄 친 漢字語를 漢字로 쓰시오.(58~67)

58 지난 겨울에는 기상 관측 이래 최고의 폭설이 내렸다. [          ]

59 암도 일찍 발견하면 치료할 수 있다. [          ]

60 치약을 너무 꾹 눌러 짜지 마라. [          ]

61 이 문제에 관한 너의 태도를 분명히 밝혀라. [          ]

62 병사들에게 퇴각 명령을 내렸다. [          ]

63 공공 요금 인상이 물가에 미치는 파급 효과가 크다. [          ]

64 폭동은 민주주의에서 사회 질서를 어지럽히는 병폐다. [          ]

65 올바른 투표야말로 민주주의의 꽃이다. [          ]

66 그는 전시된 그림에 대하여 내게 해설해 주었다. [          ]

67 그 할아버지의 혈육이라고는 딸 하나밖에 없다. [          ]


## 4. 다음 ( ) 안의 뜻풀이를 참고하여 제시된 漢字語를 漢字로 쓰시오.(68~77)

68 고향(태어나서 자란 곳. 조상 때부터 대대로 살아온 곳) … [          ]

69 시험(어떤 사물의 능력 등을 실지로 증험하여 봄) … [          ]

70 혜존(자기 작품을 '받아 간직해 주십시오.' 라는 뜻으로 씀) … [          ]

71 호주(법적으로 가족을 대표하는 사람) ················ [          ]

72 화물(기차나 배 · 자동차 등에 실어 나르는 짐) ······ [          ]

73 회복(이전 상태로 돌아옴) ····························· [          ]

74 인수(물건이나 권리를 넘겨 받음) ·················· [          ]

75 정신(무엇을 느끼거나 생각하는 능력) ············· [          ]

76 기준(기본이 되는 표준) ····························· [          ]

77 진선미(인간이 이상으로 삼는, 참다움과 착함과 아름다움)··· [          ]


## 5. 다음 (   ) 안에 알맞은 漢字를 써서 四字成語를 완성하시오.(78~82)

78 家(        )戶(        ) : 낱낱의 모든 집.

79 (        )盡悲來 : 즐거움이 다하면 슬픔이 옴. 세상일이 돌고 돎.

80 日就月(        ) : 날로 달로 자라거나 나아감.

81 (        )世安民 : 세상을 구제하여 백성을 편안하게 함.

82 一石二(        ) : 한 가지 일을 하여 두 가지 이익을 거둠.


## 6. 다음 漢字와 뜻이 反對 또는 相對되는 漢字를 쓰시오.(83~85)

83 損 ↔ [          ]    84 [          ] ↔ 否    85 進 ↔ [          ]


## 7. 다음 漢字와 뜻이 같거나 비슷한 漢字를 쓰시오.(86~88)

86 [          ] − 續    87 [          ] − 祀    88 [          ] − 空

**8.** 다음 漢字語와 讀音은 같으나 제시된 풀이에 맞는 漢字語가 되도록 (   ) 안에 漢字를 쓰세요. (89~91)

89 仁加 – (        )可 : 인정하여 허락함. 법률상의 행정 처분.

90 長君 – (        )軍 : 군(軍)을 통솔. 지휘하는 우두머리.

91 知成 – (        )誠 : 정성이 지극함. 지극히 성실함.


**9.** 다음 漢字의 略字를 쓰시오. (92~94)

92 齒 [          ]          93 蟲 [          ]          94 驗 [          ]


**10.** 다음 漢字의 部首를 쓰시오. (95~97)

95 興 [          ]          96 將 [          ]          97 準 [          ]


**11.** 다음 漢字語의 뜻을 쓰시오. (98~100)

98 敵國 (                                        )

99 提出 (                                        )

100 保護 (                                        )

# [제1회] 한자능력검정시험 4급Ⅱ 예상 문제 – 답안지

■ 사단법인 한국어문회 · 한국한자능력검정회    ※4급Ⅱ 과정을 마친 후 예상 문제 답을 이곳에 쓰세요.    4 2 1 ■

수험번호 □□□ – □□ – □□□□        성명 □□□□□

주민등록번호 □□□□□□ – □□□□□□□    ※유성 싸인펜, 붉은색 필기구 사용 불가.

※ 답안지는 컴퓨터로 처리되므로 구기거나 더럽히지 마시고, 정답 칸 안에만 쓰십시오. 글씨가 채점란으로 들어오면 오답처리가 됩니다.

## 제  회 전국한자능력검정시험 4급 Ⅱ 답안지(1)    (시험시간 50분)

| 번호 | 정답 | 1검 | 2검 | 번호 | 정답 | 1검 | 2검 | 번호 | 정답 | 1검 | 2검 |
|---|---|---|---|---|---|---|---|---|---|---|---|
| 1 | | | | 17 | | | | 33 | | | |
| 2 | | | | 18 | | | | 34 | | | |
| 3 | | | | 19 | | | | 35 | | | |
| 4 | | | | 20 | | | | 36 | | | |
| 5 | | | | 21 | | | | 37 | | | |
| 6 | | | | 22 | | | | 38 | | | |
| 7 | | | | 23 | | | | 39 | | | |
| 8 | | | | 24 | | | | 40 | | | |
| 9 | | | | 25 | | | | 41 | | | |
| 10 | | | | 26 | | | | 42 | | | |
| 11 | | | | 27 | | | | 43 | | | |
| 12 | | | | 28 | | | | 44 | | | |
| 13 | | | | 29 | | | | 45 | | | |
| 14 | | | | 30 | | | | 46 | | | |
| 15 | | | | 31 | | | | 47 | | | |
| 16 | | | | 32 | | | | 48 | | | |

| 감독위원 | 채점위원(1) | | 채점위원(2) | | 채점위원(3) | |
|---|---|---|---|---|---|---|
| (서명) | (득점) | (서명) | (득점) | (서명) | (득점) | (서명) |

※ 답안지는 컴퓨터로 처리되므로 구기거나 더럽히지 마시고, 정답 칸 안에만 쓰십시오.
글씨가 채점란으로 들어오면 오답처리가 됩니다.

## 제　　회　전국한자능력검정시험 4급Ⅱ 답안지(2)

| 답안란 | | 채점란 | | 답안란 | | 채점란 | | 답안란 | | 채점란 | |
|---|---|---|---|---|---|---|---|---|---|---|---|
| 번호 | 정답 | 1검 | 2검 | 번호 | 정답 | 1검 | 2검 | 번호 | 정답 | 1검 | 2검 |
| 49 | | | | 67 | | | | 85 | | | |
| 50 | | | | 68 | | | | 86 | | | |
| 51 | | | | 69 | | | | 87 | | | |
| 52 | | | | 70 | | | | 88 | | | |
| 53 | | | | 71 | | | | 89 | | | |
| 54 | | | | 72 | | | | 90 | | | |
| 55 | | | | 73 | | | | 91 | | | |
| 56 | | | | 74 | | | | 92 | | | |
| 57 | | | | 75 | | | | 93 | | | |
| 58 | | | | 76 | | | | 94 | | | |
| 59 | | | | 77 | | | | 95 | | | |
| 60 | | | | 78 | | | | 96 | | | |
| 61 | | | | 79 | | | | 97 | | | |
| 62 | | | | 80 | | | | 98 | | | |
| 63 | | | | 81 | | | | 99 | | | |
| 64 | | | | 82 | | | | 100 | | | |
| 65 | | | | 83 | | | | | | | |
| 66 | | | | 84 | | | | | | | |

# [제2회] 한자능력검정시험 4급 II 예상 문제 – 답안지



수험번호 □□□ – □□ – □□□□　　　　　　　성명 □□□□□

주민등록번호 □□□□□□ – □□□□□□□　　※유성 싸인펜, 붉은색 필기구 사용 불가.

※ 답안지는 컴퓨터로 처리되므로 구기거나 더럽히지 마시고, 정답 칸 안에만 쓰십시오. 글씨가 채점란으로 들어오면 오답처리가 됩니다.

## 제　회 전국한자능력검정시험 4급 II 답안지(1)　　(시험시간 50분)

| 번호 | 정답 | 1검 | 2검 | 번호 | 정답 | 1검 | 2검 | 번호 | 정답 | 1검 | 2검 |
|---|---|---|---|---|---|---|---|---|---|---|---|
| 1 | | | | 17 | | | | 33 | | | |
| 2 | | | | 18 | | | | 34 | | | |
| 3 | | | | 19 | | | | 35 | | | |
| 4 | | | | 20 | | | | 36 | | | |
| 5 | | | | 21 | | | | 37 | | | |
| 6 | | | | 22 | | | | 38 | | | |
| 7 | | | | 23 | | | | 39 | | | |
| 8 | | | | 24 | | | | 40 | | | |
| 9 | | | | 25 | | | | 41 | | | |
| 10 | | | | 26 | | | | 42 | | | |
| 11 | | | | 27 | | | | 43 | | | |
| 12 | | | | 28 | | | | 44 | | | |
| 13 | | | | 29 | | | | 45 | | | |
| 14 | | | | 30 | | | | 46 | | | |
| 15 | | | | 31 | | | | 47 | | | |
| 16 | | | | 32 | | | | 48 | | | |

| 감독위원 | 채점위원(1) | | 채점위원(2) | | 채점위원(3) | |
|---|---|---|---|---|---|---|
| (서명) | (득점) | (서명) | (득점) | (서명) | (득점) | (서명) |

※ 답안지는 컴퓨터로 처리되므로 구기거나 더럽히지 마시고, 정답 칸 안에만 쓰십시오.
글씨가 채점란으로 들어오면 오답처리가 됩니다.

## 제　회 전국한자능력검정시험 4급 II 답안지(2)

| 번호 | 정답 | 1검 | 2검 | 번호 | 정답 | 1검 | 2검 | 번호 | 정답 | 1검 | 2검 |
|---|---|---|---|---|---|---|---|---|---|---|---|
| 49 | | | | 67 | | | | 85 | | | |
| 50 | | | | 68 | | | | 86 | | | |
| 51 | | | | 69 | | | | 87 | | | |
| 52 | | | | 70 | | | | 88 | | | |
| 53 | | | | 71 | | | | 89 | | | |
| 54 | | | | 72 | | | | 90 | | | |
| 55 | | | | 73 | | | | 91 | | | |
| 56 | | | | 74 | | | | 92 | | | |
| 57 | | | | 75 | | | | 93 | | | |
| 58 | | | | 76 | | | | 94 | | | |
| 59 | | | | 77 | | | | 95 | | | |
| 60 | | | | 78 | | | | 96 | | | |
| 61 | | | | 79 | | | | 97 | | | |
| 62 | | | | 80 | | | | 98 | | | |
| 63 | | | | 81 | | | | 99 | | | |
| 64 | | | | 82 | | | | 100 | | | |
| 65 | | | | 83 | | | | | | | |
| 66 | | | | 84 | | | | | | | |

# [제3회] 한자능력검정시험 4급 II 예상 문제 – 답안지

■ 사단법인 한국어문회 · 한국한자능력검정회　　　　※4급 II 과정을 마친 후 예상 문제 답을 이곳에 쓰세요.　　4 2 1 ■

수험번호 □□□ – □□ – □□□□　　　　성명 □□□□□

주민등록번호 □□□□□□ – □□□□□□□　　※유성 싸인펜, 붉은색 필기구 사용 불가.

※ 답안지는 컴퓨터로 처리되므로 구기거나 더럽히지 마시고, 정답 칸 안에만 쓰십시오. 글씨가 채점란으로 들어오면 오답처리가 됩니다.

## 제　회 전국한자능력검정시험 4급 II 답안지(1)　　(시험시간 50분)

| 번호 | 정답 | 1검 | 2검 | 번호 | 정답 | 1검 | 2검 | 번호 | 정답 | 1검 | 2검 |
|---|---|---|---|---|---|---|---|---|---|---|---|
| 1 | | | | 17 | | | | 33 | | | |
| 2 | | | | 18 | | | | 34 | | | |
| 3 | | | | 19 | | | | 35 | | | |
| 4 | | | | 20 | | | | 36 | | | |
| 5 | | | | 21 | | | | 37 | | | |
| 6 | | | | 22 | | | | 38 | | | |
| 7 | | | | 23 | | | | 39 | | | |
| 8 | | | | 24 | | | | 40 | | | |
| 9 | | | | 25 | | | | 41 | | | |
| 10 | | | | 26 | | | | 42 | | | |
| 11 | | | | 27 | | | | 43 | | | |
| 12 | | | | 28 | | | | 44 | | | |
| 13 | | | | 29 | | | | 45 | | | |
| 14 | | | | 30 | | | | 46 | | | |
| 15 | | | | 31 | | | | 47 | | | |
| 16 | | | | 32 | | | | 48 | | | |

| 감독위원 | 채점위원(1) | | 채점위원(2) | | 채점위원(3) | |
|---|---|---|---|---|---|---|
| (서명) | (득점) | (서명) | (득점) | (서명) | (득점) | (서명) |

※ 답안지는 컴퓨터로 처리되므로 구기거나 더럽히지 마시고, 정답 칸 안에만 쓰십시오.
글씨가 채점란으로 들어오면 오답처리가 됩니다.

## 제　　회 전국한자능력검정시험 4급 II 답안지(2)

| 번호 | 정답 | 1검 | 2검 | 번호 | 정답 | 1검 | 2검 | 번호 | 정답 | 1검 | 2검 |
|---|---|---|---|---|---|---|---|---|---|---|---|
| 49 | | | | 67 | | | | 85 | | | |
| 50 | | | | 68 | | | | 86 | | | |
| 51 | | | | 69 | | | | 87 | | | |
| 52 | | | | 70 | | | | 88 | | | |
| 53 | | | | 71 | | | | 89 | | | |
| 54 | | | | 72 | | | | 90 | | | |
| 55 | | | | 73 | | | | 91 | | | |
| 56 | | | | 74 | | | | 92 | | | |
| 57 | | | | 75 | | | | 93 | | | |
| 58 | | | | 76 | | | | 94 | | | |
| 59 | | | | 77 | | | | 95 | | | |
| 60 | | | | 78 | | | | 96 | | | |
| 61 | | | | 79 | | | | 97 | | | |
| 62 | | | | 80 | | | | 98 | | | |
| 63 | | | | 81 | | | | 99 | | | |
| 64 | | | | 82 | | | | 100 | | | |
| 65 | | | | 83 | | | | | | | |
| 66 | | | | 84 | | | | | | | |

# [제4회] 한자능력검정시험 4급Ⅱ 예상 문제 – 답안지



수험번호 □□□ – □□ – □□□□          성명 □□□□□

주민등록번호 □□□□□□ – □□□□□□□    ※유성 싸인펜, 붉은색 필기구 사용 불가.

※ 답안지는 컴퓨터로 처리되므로 구기거나 더럽히지 마시고, 정답 칸 안에만 쓰십시오. 글씨가 채점란으로 들어오면 오답처리가 됩니다.

## 제   회 전국한자능력검정시험 4급Ⅱ 답안지(1)    (시험시간 50분)

| 번호 | 답안란 정답 | 채점란 1검 | 2검 | 번호 | 답안란 정답 | 채점란 1검 | 2검 | 번호 | 답안란 정답 | 채점란 1검 | 2검 |
|---|---|---|---|---|---|---|---|---|---|---|---|
| 1 | | | | 17 | | | | 33 | | | |
| 2 | | | | 18 | | | | 34 | | | |
| 3 | | | | 19 | | | | 35 | | | |
| 4 | | | | 20 | | | | 36 | | | |
| 5 | | | | 21 | | | | 37 | | | |
| 6 | | | | 22 | | | | 38 | | | |
| 7 | | | | 23 | | | | 39 | | | |
| 8 | | | | 24 | | | | 40 | | | |
| 9 | | | | 25 | | | | 41 | | | |
| 10 | | | | 26 | | | | 42 | | | |
| 11 | | | | 27 | | | | 43 | | | |
| 12 | | | | 28 | | | | 44 | | | |
| 13 | | | | 29 | | | | 45 | | | |
| 14 | | | | 30 | | | | 46 | | | |
| 15 | | | | 31 | | | | 47 | | | |
| 16 | | | | 32 | | | | 48 | | | |

| 감독위원 | 채점위원(1) | | 채점위원(2) | | 채점위원(3) | |
|---|---|---|---|---|---|---|
| (서명) | (득점) | (서명) | (득점) | (서명) | (득점) | (서명) |

※ 답안지는 컴퓨터로 처리되므로 구기거나 더럽히지 마시고, 정답 칸 안에만 쓰십시오.
글씨가 채점란으로 들어오면 오답처리가 됩니다.

# 제　회　전국한자능력검정시험 4급 II 답안지(2)

| 번호 | 답안란 정답 | 채점란 1검 | 2검 | 번호 | 답안란 정답 | 채점란 1검 | 2검 | 번호 | 답안란 정답 | 채점란 1검 | 2검 |
|---|---|---|---|---|---|---|---|---|---|---|---|
| 49 | | | | 67 | | | | 85 | | | |
| 50 | | | | 68 | | | | 86 | | | |
| 51 | | | | 69 | | | | 87 | | | |
| 52 | | | | 70 | | | | 88 | | | |
| 53 | | | | 71 | | | | 89 | | | |
| 54 | | | | 72 | | | | 90 | | | |
| 55 | | | | 73 | | | | 91 | | | |
| 56 | | | | 74 | | | | 92 | | | |
| 57 | | | | 75 | | | | 93 | | | |
| 58 | | | | 76 | | | | 94 | | | |
| 59 | | | | 77 | | | | 95 | | | |
| 60 | | | | 78 | | | | 96 | | | |
| 61 | | | | 79 | | | | 97 | | | |
| 62 | | | | 80 | | | | 98 | | | |
| 63 | | | | 81 | | | | 99 | | | |
| 64 | | | | 82 | | | | 100 | | | |
| 65 | | | | 83 | | | | | | | |
| 66 | | | | 84 | | | | | | | |

# [제5회] 한자능력검정시험 4급Ⅱ 예상 문제 – 답안지

■ 사단법인 한국어문회 · 한국한자능력검정회    ※4급Ⅱ 과정을 마친 후 예상 문제 답을 이곳에 쓰세요.    4 2 1 ■

수험번호 □□□ – □□ – □□□□        성명 □□□□□

주민등록번호 □□□□□□ – □□□□□□□

※유성 싸인펜, 붉은색 필기구 사용 불가.

※ 답안지는 컴퓨터로 처리되므로 구기거나 더럽히지 마시고, 정답 칸 안에만 쓰십시오. 글씨가 채점란으로 들어오면 오답처리가 됩니다.

## 제　희　전국한자능력검정시험 4급 Ⅱ 답안지(1)　(시험시간 50분)

| 번호 | 정답 | 1검 | 2검 | 번호 | 정답 | 1검 | 2검 | 번호 | 정답 | 1검 | 2검 |
|---|---|---|---|---|---|---|---|---|---|---|---|
| 1 | | | | 17 | | | | 33 | | | |
| 2 | | | | 18 | | | | 34 | | | |
| 3 | | | | 19 | | | | 35 | | | |
| 4 | | | | 20 | | | | 36 | | | |
| 5 | | | | 21 | | | | 37 | | | |
| 6 | | | | 22 | | | | 38 | | | |
| 7 | | | | 23 | | | | 39 | | | |
| 8 | | | | 24 | | | | 40 | | | |
| 9 | | | | 25 | | | | 41 | | | |
| 10 | | | | 26 | | | | 42 | | | |
| 11 | | | | 27 | | | | 43 | | | |
| 12 | | | | 28 | | | | 44 | | | |
| 13 | | | | 29 | | | | 45 | | | |
| 14 | | | | 30 | | | | 46 | | | |
| 15 | | | | 31 | | | | 47 | | | |
| 16 | | | | 32 | | | | 48 | | | |

| 감독위원 | 채점위원(1) | | 채점위원(2) | | 채점위원(3) | |
|---|---|---|---|---|---|---|
| (서명) | (득점) | (서명) | (득점) | (서명) | (득점) | (서명) |

※ 답안지는 컴퓨터로 처리되므로 구기거나 더럽히지 마시고, 정답 칸 안에만 쓰십시오.
글씨가 채점란으로 들어오면 오답처리가 됩니다.

# 제　회 전국한자능력검정시험 4급 II 답안지(2)

| 번호 | 정답 | 1검 | 2검 | 번호 | 정답 | 1검 | 2검 | 번호 | 정답 | 1검 | 2검 |
|---|---|---|---|---|---|---|---|---|---|---|---|
| 49 | | | | 67 | | | | 85 | | | |
| 50 | | | | 68 | | | | 86 | | | |
| 51 | | | | 69 | | | | 87 | | | |
| 52 | | | | 70 | | | | 88 | | | |
| 53 | | | | 71 | | | | 89 | | | |
| 54 | | | | 72 | | | | 90 | | | |
| 55 | | | | 73 | | | | 91 | | | |
| 56 | | | | 74 | | | | 92 | | | |
| 57 | | | | 75 | | | | 93 | | | |
| 58 | | | | 76 | | | | 94 | | | |
| 59 | | | | 77 | | | | 95 | | | |
| 60 | | | | 78 | | | | 96 | | | |
| 61 | | | | 79 | | | | 97 | | | |
| 62 | | | | 80 | | | | 98 | | | |
| 63 | | | | 81 | | | | 99 | | | |
| 64 | | | | 82 | | | | 100 | | | |
| 65 | | | | 83 | | | | | | | |
| 66 | | | | 84 | | | | | | | |

# [제1회] 한자능력검정시험 4급 II 실전 문제 – 답안지

■ 사단법인 한국어문회 · 한국한자능력검정회　　※4급 II 과정을 마친 후 실전 문제 답을 이곳에 쓰세요.　　4 2 1 ■

수험번호 □□□ – □□ – □□□□　　　　　　　성명 □□□□□

주민등록번호 □□□□□□ – □□□□□□□　※유성 싸인펜, 붉은색 필기구 사용 불가.

※ 답안지는 컴퓨터로 처리되므로 구기거나 더럽히지 마시고, 정답 칸 안에만 쓰십시오. 글씨가 채점란으로 들어오면 오답처리가 됩니다.

## 제　회 전국한자능력검정시험 4급 II 답안지(1)　　(시험시간 50분)

| 번호 | 정답 | 1검 | 2검 | 번호 | 정답 | 1검 | 2검 | 번호 | 정답 | 1검 | 2검 |
|---|---|---|---|---|---|---|---|---|---|---|---|
| 1 | | | | 17 | | | | 33 | | | |
| 2 | | | | 18 | | | | 34 | | | |
| 3 | | | | 19 | | | | 35 | | | |
| 4 | | | | 20 | | | | 36 | | | |
| 5 | | | | 21 | | | | 37 | | | |
| 6 | | | | 22 | | | | 38 | | | |
| 7 | | | | 23 | | | | 39 | | | |
| 8 | | | | 24 | | | | 40 | | | |
| 9 | | | | 25 | | | | 41 | | | |
| 10 | | | | 26 | | | | 42 | | | |
| 11 | | | | 27 | | | | 43 | | | |
| 12 | | | | 28 | | | | 44 | | | |
| 13 | | | | 29 | | | | 45 | | | |
| 14 | | | | 30 | | | | 46 | | | |
| 15 | | | | 31 | | | | 47 | | | |
| 16 | | | | 32 | | | | 48 | | | |

| 감독위원 | 채점위원(1) | | 채점위원(2) | | 채점위원(3) | |
|---|---|---|---|---|---|---|
| (서명) | (득점) | (서명) | (득점) | (서명) | (득점) | (서명) |

※ 답안지는 컴퓨터로 처리되므로 구기거나 더럽히지 마시고, 정답 칸 안에만 쓰십시오.
글씨가 채점란으로 들어오면 오답처리가 됩니다.

# 제　회　전국한자능력검정시험 4급Ⅱ 답안지(2)

| 번호 | 정답 | 1검 | 2검 | 번호 | 정답 | 1검 | 2검 | 번호 | 정답 | 1검 | 2검 |
|---|---|---|---|---|---|---|---|---|---|---|---|
| 49 | | | | 67 | | | | 85 | | | |
| 50 | | | | 68 | | | | 86 | | | |
| 51 | | | | 69 | | | | 87 | | | |
| 52 | | | | 70 | | | | 88 | | | |
| 53 | | | | 71 | | | | 89 | | | |
| 54 | | | | 72 | | | | 90 | | | |
| 55 | | | | 73 | | | | 91 | | | |
| 56 | | | | 74 | | | | 92 | | | |
| 57 | | | | 75 | | | | 93 | | | |
| 58 | | | | 76 | | | | 94 | | | |
| 59 | | | | 77 | | | | 95 | | | |
| 60 | | | | 78 | | | | 96 | | | |
| 61 | | | | 79 | | | | 97 | | | |
| 62 | | | | 80 | | | | 98 | | | |
| 63 | | | | 81 | | | | 99 | | | |
| 64 | | | | 82 | | | | 100 | | | |
| 65 | | | | 83 | | | | | | | |
| 66 | | | | 84 | | | | | | | |

# [제2회] 한자능력검정시험 4급Ⅱ 실전 문제 – 답안지

■ 사단법인 한국어문회 · 한국한자능력검정회　　　※4급Ⅱ 과정을 마친 후 실전 문제 답을 이곳에 쓰세요.　　4 2 1 ■

수험번호 □□□ – □□ – □□□□　　　　　성명 □□□□

주민등록번호 □□□□□□ – □□□□□□□　　※유성 싸인펜, 붉은색 필기구 사용 불가.

※ 답안지는 컴퓨터로 처리되므로 구기거나 더럽히지 마시고, 정답 칸 안에만 쓰십시오. 글씨가 채점란으로 들어오면 오답처리가 됩니다.

## 제　회 전국한자능력검정시험 4급 Ⅱ 답안지(1)　(시험시간 50분)

| 번호 | 답안란 정답 | 채점란 1검 | 2검 | 번호 | 답안란 정답 | 채점란 1검 | 2검 | 번호 | 답안란 정답 | 채점란 1검 | 2검 |
|---|---|---|---|---|---|---|---|---|---|---|---|
| 1 | | | | 17 | | | | 33 | | | |
| 2 | | | | 18 | | | | 34 | | | |
| 3 | | | | 19 | | | | 35 | | | |
| 4 | | | | 20 | | | | 36 | | | |
| 5 | | | | 21 | | | | 37 | | | |
| 6 | | | | 22 | | | | 38 | | | |
| 7 | | | | 23 | | | | 39 | | | |
| 8 | | | | 24 | | | | 40 | | | |
| 9 | | | | 25 | | | | 41 | | | |
| 10 | | | | 26 | | | | 42 | | | |
| 11 | | | | 27 | | | | 43 | | | |
| 12 | | | | 28 | | | | 44 | | | |
| 13 | | | | 29 | | | | 45 | | | |
| 14 | | | | 30 | | | | 46 | | | |
| 15 | | | | 31 | | | | 47 | | | |
| 16 | | | | 32 | | | | 48 | | | |

| 감독위원 | 채점위원(1) | | 채점위원(2) | | 채점위원(3) | |
|---|---|---|---|---|---|---|
| (서명) | (득점) | (서명) | (득점) | (서명) | (득점) | (서명) |

※ 답안지는 컴퓨터로 처리되므로 구기거나 더럽히지 마시고, 정답 칸 안에만 쓰십시오.
글씨가 채점란으로 들어오면 오답처리가 됩니다.

# 제　회　전국한자능력검정시험 4급Ⅱ 답안지(2)

| 번호 | 정답 | 1검 | 2검 | 번호 | 정답 | 1검 | 2검 | 번호 | 정답 | 1검 | 2검 |
|---|---|---|---|---|---|---|---|---|---|---|---|
| 49 | | | | 67 | | | | 85 | | | |
| 50 | | | | 68 | | | | 86 | | | |
| 51 | | | | 69 | | | | 87 | | | |
| 52 | | | | 70 | | | | 88 | | | |
| 53 | | | | 71 | | | | 89 | | | |
| 54 | | | | 72 | | | | 90 | | | |
| 55 | | | | 73 | | | | 91 | | | |
| 56 | | | | 74 | | | | 92 | | | |
| 57 | | | | 75 | | | | 93 | | | |
| 58 | | | | 76 | | | | 94 | | | |
| 59 | | | | 77 | | | | 95 | | | |
| 60 | | | | 78 | | | | 96 | | | |
| 61 | | | | 79 | | | | 97 | | | |
| 62 | | | | 80 | | | | 98 | | | |
| 63 | | | | 81 | | | | 99 | | | |
| 64 | | | | 82 | | | | 100 | | | |
| 65 | | | | 83 | | | | | | | |
| 66 | | | | 84 | | | | | | | |

# [제3회] 한자능력검정시험 4급 II 실전 문제 – 답안지



수험번호 □□□ – □□ – □□□□　　　　　성명 □□□□□

주민등록번호 □□□□□□ – □□□□□□□　※유성 싸인펜, 붉은색 필기구 사용 불가.

※ 답안지는 컴퓨터로 처리되므로 구기거나 더럽히지 마시고, 정답 칸 안에만 쓰십시오. 글씨가 채점란으로 들어오면 오답처리가 됩니다.

## 제　회 전국한자능력검정시험 4급 II 답안지(1)　　(시험시간 50분)

| 번호 | 정답 | 1검 | 2검 | 번호 | 정답 | 1검 | 2검 | 번호 | 정답 | 1검 | 2검 |
|---|---|---|---|---|---|---|---|---|---|---|---|
| 1 | | | | 17 | | | | 33 | | | |
| 2 | | | | 18 | | | | 34 | | | |
| 3 | | | | 19 | | | | 35 | | | |
| 4 | | | | 20 | | | | 36 | | | |
| 5 | | | | 21 | | | | 37 | | | |
| 6 | | | | 22 | | | | 38 | | | |
| 7 | | | | 23 | | | | 39 | | | |
| 8 | | | | 24 | | | | 40 | | | |
| 9 | | | | 25 | | | | 41 | | | |
| 10 | | | | 26 | | | | 42 | | | |
| 11 | | | | 27 | | | | 43 | | | |
| 12 | | | | 28 | | | | 44 | | | |
| 13 | | | | 29 | | | | 45 | | | |
| 14 | | | | 30 | | | | 46 | | | |
| 15 | | | | 31 | | | | 47 | | | |
| 16 | | | | 32 | | | | 48 | | | |

| 감독위원 | 채점위원(1) | | 채점위원(2) | | 채점위원(3) | |
|---|---|---|---|---|---|---|
| (서명) | (득점) | (서명) | (득점) | (서명) | (득점) | (서명) |

※ 답안지는 컴퓨터로 처리되므로 구기거나 더럽히지 마시고, 정답 칸 안에만 쓰십시오.
글씨가 채점란으로 들어오면 오답처리가 됩니다.

# 제　회　전국한자능력검정시험 4급 Ⅱ 답안지(2)

| 번호 | 답안란 정답 | 채점란 1검 | 2검 | 번호 | 답안란 정답 | 채점란 1검 | 2검 | 번호 | 답안란 정답 | 채점란 1검 | 2검 |
|---|---|---|---|---|---|---|---|---|---|---|---|
| 49 | | | | 67 | | | | 85 | | | |
| 50 | | | | 68 | | | | 86 | | | |
| 51 | | | | 69 | | | | 87 | | | |
| 52 | | | | 70 | | | | 88 | | | |
| 53 | | | | 71 | | | | 89 | | | |
| 54 | | | | 72 | | | | 90 | | | |
| 55 | | | | 73 | | | | 91 | | | |
| 56 | | | | 74 | | | | 92 | | | |
| 57 | | | | 75 | | | | 93 | | | |
| 58 | | | | 76 | | | | 94 | | | |
| 59 | | | | 77 | | | | 95 | | | |
| 60 | | | | 78 | | | | 96 | | | |
| 61 | | | | 79 | | | | 97 | | | |
| 62 | | | | 80 | | | | 98 | | | |
| 63 | | | | 81 | | | | 99 | | | |
| 64 | | | | 82 | | | | 100 | | | |
| 65 | | | | 83 | | | | | | | |
| 66 | | | | 84 | | | | | | | |

1 가정 2 감사 3 건강 4 강의 5 검정 6 결백 7 결석 8 국경 9 경축 10 경험 11 경비 12 고인 13 문구 14 구직 15 구명 16 궁녀 17 권리 18 극도 19 금지 20 기관 21 기상 22 난방 23 난민 24 노력 25 노기 26 단념 27 단순 28 단군 29 단정 30 달성 31 담임 32 대열 33 동상 34 양친 35 득표 36 고울 려 37 벌일 라 38 콩 두 39 구리 동 40 독 독 41 인도할 도 42 띠 대 43 멜 담 44 박달나무 단 45 성낼 노 46 어려울 난 47 금할 금 48 다할/극진할 극 49 권세 권 50 연구할 구 51 맬 계 52 깨우칠 경 53 경사 경 54 이지러질 결 55 검사할 검 56 월 강 57 거리 가 58 街路 59 減員 60 康福 61 個別 62 經營 63 故鄕 64 權勢 65 單價 66 黨論 67 兩家 68 監督 69 康寧 70 慶事 71 故國 72 句讀 73 硏究 74 斷定 75 達辯 76 軍隊 77 北斗七星 78 燈 79 直 80 怒 81 攻 82 說 83 減 84 失 85 單數 86 斷 87 羅 88 境 89 豆 90 兩 91 監 92 経 93 仮 94 両 95 皿(그릇 명)부 96 心(마음 심)부 97 毋(말 무)부 98 미려 : 아름답고 고움. 99 기거 : 어떤 곳에서 임시로 생활함. 100 득세 : 세력을 얻음. 형세가 유리해짐.



1 연결 2 열거 3 기록 4 만발 5 맥락 6 모골 7 목동 8 사무 9 무공 10 미성년자 11 밀담 12 방문 13 방지 14 세배 15 배경 16 벌금 17 벽보 18 보고 19 보고 20 보조 21 부작용 22 부익부 23 부흥 24 비축 25 비난 26 비행 27 빈곤 28 사랑 29 감사 30 쇄도 31 상식 32 병석 33 감상 34 상장 35 미각 36 벌일 렬 37 논할 론 38 찰 만 39 줄기 맥 40 칠 목 41 맛 미 42 빽빽할 밀 43 방 방 44 막을 방 45 절 배 46 등 배 47 나눌/짝 배 48 벽 벽 49 가 변 50 지킬 보 51 보배 보 52 걸음 보 53 회복할 복, 다시 부 54 부처 불 55 날 비 56 사례할 사 57 떳떳할 상 58 狀況 59 謝過 60 敎師 61 悲歌 62 佛供 63 政府 64 婦女子 65 邊防 66 博愛 67 留任 68 列車 69 律動 70 牧畜 71 未來 72 門間房 73 配達 74 伐草 75 復活 76 冊床 77 想像 78 殺 79 非, 非 80 國 81 婦 82 罰 83 罰 84 武 85 富 86 伐 87 報 88 備 89 音 90 武 91 訪 92 滿 93 拜 94 仏 95 牛(소 우)부 96 网(그물망머리)부 97 土(흙 토)부 98 보도 : 새 소식을 널리 알림. 또는 그 소식. 99 보안 : 사회의 안녕과 질서를 유지하고 보호하는 일. 100 부업 : 본업 외에 따로 가지는 직업.

**1** 설문 **2** 행성 **3** 성황 **4** 성원 **5** 정성 **6** 세심 **7** 소박 **8** 수교 **9** 수난 **10** 수업 **11** 수입금 **12** 순수 **13** 승인 **14** 시인 **15** 시합 **16** 소식 **17** 안중 **18** 암흑 **19** 압도 **20** 여전 **21** 역경 **22** 연설 **23** 금연 **24** 연수 **25** 영광 **26** 예능 **27** 오해 **28** 주옥 **29** 왕래 **30** 왕복 **31** 용량 **32** 인원 **33** 심각 **34** 신청 **35** 시상 **36** 재 성 **37** 형세 세 **38** 닦을 수 **39** 쓸 소 **40** 세금 세 **41** 성할 성 **42** 순수할 순 **43** 시 시 **44** 납 신 **45** 깊을 심 **46** 눈 안 **47** 누를 압 **48** 남을 여 **49** 펼 연 **50** 연기 연 **51** 영화 영 **52** 갈 연 **53** 노래 요 **54** 인원 원 **55** 이을 속 **56** 풍속 속 **57** 정성 성 **58** 詩句 **59** 休息 **60** 眼目 **61** 暗記 **62** 壓力 **63** 液化 **64** 如意珠 **65** 餘談 **66** 演藝 **67** 玉石 **68** 聖賢 **69** 誠金 **70** 勢力 **71** 素服 **72** 俗世 **73** 續行 **74** 送別會 **75** 受講 **76** 守備 **77** 視察 **78** 送 **79** 授 **80** 收 **81** 謠 **82** 玉 **83** 試 **84** 城 **85** 修 **86** 思 **87** 羊 **88** 往 **89** 謠 **90** 員 **91** 餘 **92** 統 **93** 收 **94** 芸 **95** 耳(귀 이)부 **96** 手(손 수)부 **97** 言(말씀 언)부 **98** 성수 : 모든 별자리의 별들. 뭇 별. **99** 세금 : 국가나 지방 공공 단체가 조세로서 징수하는 돈. **100** 순진 : 마음이 꾸밈이 없고 참됨.



**1** 원만 **2** 위주 **3** 위생 **4** 은덕 **5** 응급 **6** 의거 **7** 이동 **8** 이익 **9** 인도 **10** 인정 **11** 장벽 **12** 적수 **13** 전원 **14** 접수 **15** 정교 **16** 제시 **17** 제사 **18** 제조 **19** 조언 **20** 조작 **21** 존경 **22** 종가 **23** 준비 **24** 중론 **25** 지명 **26** 지지 **27** 직업 **28** 진로 **29** 차례 **30** 진실 **31** 지극 **32** 지향 **33** 증보 **34** 국제 **35** 정권 **36** 둥글 원 **37** 고기 육 **38** 응할 응 **39** 의논할 의 **40** 하/할 위 **41** 옮길 이 **42** 도장 인 **43** 장수 장 **44** 끌 인 **45** 막을 장 **46** 알 인 **47** 대적할 적 **48** 정할 정 **49** 끌 제 **50** 도울 조 **51** 건널 제 **52** 가리킬 지 **53** 이를 조 **54** 마루 종 **55** 지탱할 지 **56** 새 조 **57** 직분 직 **58** 祭器 **59** 製作 **60** 造景 **61** 鳥獸 **62** 宗教 **63** 脫走 **64** 竹筍 **65** 指導 **66** 眞理 **67** 次元 **68** 肉眼 **69** 恩師 **70** 應援 **71** 義理 **72** 議案 **73** 印象 **74** 故障 **75** 低調 **76** 絕交 **77** 經濟 **78** 應 **79** 益 **80** 鳥 **81** 竹 **82** 進 **83** 眞 **84** 高 **85** 尊 **86** 恩 **87** 斷 **88** 政 **89** 政 **90** 誠 **91** 早 **92** 爲 **93** 応 **94** 済 **95** 氵(삼수변)부 **96** 羊(양 양)부 **97** 禾(벼 화)부 **98** 이주 : 다른 곳이나 다른 나라로 옮겨 가서 삶. **99** 정치 : 나라를 다스리는 일. **100** 협조 : 힘을 보태어 서로 도움.

**1** 관찰 **2** 창조 **3** 처리 **4** 총상 **5** 축적 **6** 충효 **7** 취득 **8** 치중 **9** 치과 **10** 쾌청 **11** 태세 **12** 통제 **13** 파동 **14** 파산 **15** 포장 **16** 포격 **17** 차표 **18** 한계 **19** 공항 **20** 항로 **21** 향수 **22** 향기 **23** 허무 **24** 현명 **25** 협동 **26** 호소 **27** 호국 **28** 확보 **29** 회답 **30** 흡연 **31** 흥망성쇠 **32** 희망 **33** 호의 **34** 혜택 **35** 총력 **36** 청할 청 **37** 총총 **38** 충성 충 **39** 벌레 충 **40** 취할 취 **41** 이 치 **42** 침노할 침 **43** 쾌할 쾌 **44** 모습 태 **45** 거느릴 통 **46** 물결 파 **47** 깨뜨릴 파 **48** 쌀 포 **49** 대포 포 **50** 사나울 폭, 모질 포 **51** 표 표 **52** 한할 한 **53** 항구 항 **54** 풀 해 **55** 시골 향 **56** 굳을 확 **57** 마실 흡 **58** 財貨 **59** 確信 **60** 希求 **61** 視察 **62** 創立 **63** 請援 **64** 建築 **65** 忠告 **66** 蟲齒 **67** 測定 **68** 齒石 **69** 侵攻 **70** 快感 **71** 統一 **72** 退院 **73** 破損 **74** 布告 **75** 暴風 **76** 豊足 **77** 解決 **78** 退 **79** 豊 **80** 好 **81** 護 **82** 興 **83** 蓄 **84** 治 **85** 度 **86** 布 **87** 張 **88** 賢 **89** 賢 **90** 好 **91** 創 **92** 処 **93** 鄉 **94** 齒 **95** 臼(절구 구)부 **96** 虍(범호엄)부 **97** 竹(대 죽)부 **98** 저축 : 소득의 일부를 정립함. 또는 그렇게 모은 돈. **99** 충성 : 참마음에서 우러나는 정성. **100** 해결 : 얽힌 일을 풀어서 처리함.



**1** 시가지 **2** 감산 **3** 강구 **4** 개성 **5** 청결 **6** 경우 **7** 경과 **8** 구절 **9** 구걸 **10** 궁궐 **11** 극성 **12** 기구 **13** 난관 **14** 단절 **15** 단기 **16** 단서 **17** 담보 **18** 당파 **19** 연대 **20** 인도 **21** 독기 **22** 동전 **23** 득세 **24** 양면 **25** 연락 **26** 열전 **27** 논리 **28** 법률 **29** 만기 **30** 공무 **31** 무용 **32** 음미 **33** 밀림 **34** 박식 **35** 방문 **36** 거짓 가 **37** 볼 감 **38** 편안할 강 **39** 낱 개 **40** 깨끗할 결 **41** 지경 경 **42** 지날/글 경 **43** 연고 고 **44** 벼슬 관 **45** 구할 구 **46** 집 궁 **47** 그릇 기 **48** 일어날 기 **49** 따뜻할 난 **50** 힘쓸 노 **51** 끊을 단 **52** 끝 단 **53** 통달할 달 **54** 무리 당 **55** 무리 대 **56** 감독할 독 **57** 얻을 득 **58** 羅列 **59** 兩親 **60** 連結 **61** 錄畫 **62** 留置 **63** 牧歌 **64** 未來 **65** 密約 **66** 博學 **67** 探訪 **68** 防備 **69** 拜禮 **70** 背信 **71** 配給 **72** 伐木 **73** 罰則 **74** 壁紙 **75** 保證 **76** 報答 **77** 寶物 **78** 賞 **79** 脈 **80** 滿 **81** 論 **82** 連 **83** 續 **84** 文 **85** 旣 **86** 訪 **87** 監 **88** 皿 **89** 個 **90** 缺 **91** 端 **92** 斷 **93** 辺 **94** 宝 **95** 止(그칠 지)부 **96** 网(그물망머리)부 **97** 寸(마디 촌)부 **98** 검문 : 의심 가는 사람을 조사하여 물어 봄. **99** 득표 : 투표에서, 찬성의 표를 얻음. **100** 담임 : 주로 학교에서, 학급이나 학과목을 책임지고 맡아봄.

**1** 대비 **2** 복구 **3** 비리 **4** 빈부 **5** 사찰 **6** 사례 **7** 살상 **8** 상록수 **9** 상상 **10** 설계 **11** 성화 **12** 성명서 **13** 성의 **14** 세공 **15** 소멸 **16** 미소 **17** 소재 **18** 속개 **19** 수양 **20** 수여 **21** 순결 **22** 시행 **23** 시청각 **24** 시도 **25** 신고 **26** 압박 **27** 여백 **28** 연기 **29** 연구 **30** 영화 **31** 옥동자 **32** 민요 **33** 용인 **34** 위정자 **35** 음덕 **36** 버금 부 **37** 마을/관청 부 **38** 갖출 비 **39** 상 상 **40** 생각 상 **41** 베풀 설 **42** 별 성 **43** 소리 성 **44** 가늘 세 **45** 웃음 소 **46** 보낼 송 **47** 닦을 수 **48** 줄 수 **49** 거둘 수 **50** 베풀 시 **51** 볼 시 **52** 시험 시 **53** 쉴 식 **54** 진액 **55** 거스를 역 **56** 갈 연 **57** 재주 예 **58** 副題 **59** 備品 **60** 佛經 **61** 師範 **62** 舍監 **63** 狀態 **64** 設立 **65** 稅務 **66** 俗談 **67** 相續 **68** 藝術 **69** 誤記 **70** 歌謠 **71** 容器 **72** 肉體 **73** 正義 **74** 議決 **75** 悲觀 **76** 貧賤 **77** 氣勢 **78** 送 **79** 申 **80** 深 **81** 暗 **82** 應 **83** 婦 **84** 悲 **85** 殺 **86** 副 **87** 授 **88** 施 **89** 是 **90** 詩 **91** 陽 **92** 苦 **93** 統 **94** 榮 **95** ⺉(선칼도방)부 **96** 巾(수건 건)부 **97** 彳(두인변)부 **98** 안식 : 몸과 마음을 편히 쉼. **99** 영광 : 영예로운 현상, 곧 빛나는 명예. **100** 소담 : 우스운 이야기.



**1** 인쇄 **2** 인식 **3** 장해 **4** 저가 **5** 절망 **6** 접근 **7** 정도 **8** 제정 **9** 제거 **10** 교제 **11** 조속 **12** 존중 **13** 준칙 **14** 증가 **15** 지사 **16** 지급 **17** 직분 **18** 진급 **19** 처방 **20** 청탁 **21** 총성 **22** 축대 **23** 취소 **24** 조치 **25** 침범 **26** 쾌락 **27** 통계 **28** 파문 **29** 포용 **30** 폭력 **31** 표결 **32** 항구 **33** 항해 **34** 향수 **35** 경험 **36** 더할 익 **37** 낮을 저 **38** 이을 접 **39** 정사 정 **40** 한도/길 정 **41** 절제할 제 **42** 제사 제 **43** 지을 제 **44** 덜 제 **45** 지을 조 **46** 높을 존 **47** 준할 준 **48** 무리 중 **49** 가리킬 지 **50** 이를 지 **51** 나아갈 진 **52** 살필 찰 **53** 비롯할 창 **54** 곳 처 **55** 다 총 **56** 쌓을 축 **57** 헤아릴 측 **58** 觀測 **59** 治療 **60** 齒藥 **61** 態度 **62** 退却 **63** 波及 **64** 暴動 **65** 投票 **66** 解說 **67** 血肉 **68** 故鄕 **69** 試驗 **70** 惠存 **71** 戶主 **72** 貨物 **73** 回復 **74** 引受 **75** 精神 **76** 基準 **77** 眞善美 **78** 家, 戶 **79** 興 **80** 將 **81** 濟 **82** 鳥 **83** 益 **84** 田 **85** 退 **86** 接 **87** 祭 **88** 虛 **89** 認 **90** 將 **91** 至 **92** 齒 **93** 虫 **94** 驗 **95** 臼(절구 구)부 **96** 寸(마디 촌)부 **97** 氵(삼수변)부 **98** 적국 : 적대 관계에 있는 나라. **99** 제출 : 의견이나 문안 등을 내어 놓음. **100** 보호 : 약한 것을 잘 돌보아 지킴.